从零开始学
新媒体运营推广

（第2版）

叶龙　编著

清华大学出版社
北京

内 容 简 介

如何进行新媒体的入驻、正文的创作、运营的决策，以及数据分析？
如何展开新媒体的营销、平台的运营、粉丝的导流，以及用户促活？

本书以"内容＋案例"的形式，帮助读者读懂互联网时代新媒体的运营与推广新思路，让读者从零开始学运营，轻松玩转各个新媒体平台。

本书内容分两条线介绍，一条是运营线，通过介绍平台的申请入驻、标题的取名、图片的选择、正文的编辑、版式的优化、粉丝的转化与导流、用户的留存与促活以及平台的数据分析等内容，帮助读者从入门到精通新媒体的运营。

另一条是实战线，通过介绍微信公众号、新浪微博、今日头条、一点资讯、搜狐公众、简书、网易媒体、QQ平台、百度百家、企鹅媒体、知乎等平台的推文导粉、运营推广等案例，帮助读者掌握新媒体运营的干货技巧，早点盈利进而变现赚钱。

本书结构清晰，适合新媒体行业从业者、新媒体领域创业者、各公司负责新媒体营销的工作人员、新媒体运营的个人、新媒体公司的管理者、专业的网络推手、新媒体领域专家、新媒体公司或部门使用，也可作为培训教材。

本书封面贴有清华大学出版社防伪标签，无标签者不得销售。
版权所有，侵权必究。侵权举报电话：010-62782989 13701121933

图书在版编目(CIP)数据

从零开始学新媒体运营推广 / 叶龙编著．—2版．—北京：清华大学出版社，2019 (2020.1重印)
ISBN 978-7-302-52497-7

Ⅰ．①从… Ⅱ．①叶… Ⅲ．①传播媒介—运营管理 Ⅳ．①G206.2

中国版本图书馆CIP数据核字(2019)第043110号

责任编辑：杨作梅
装帧设计：杨玉兰
责任校对：王明明
责任印制：宋　林

出版发行：清华大学出版社
　　　　　网　　址：http://www.tup.com.cn, http://www.wqbook.com
　　　　　地　　址：北京清华大学学研大厦A座　　邮　编：100084
　　　　　社 总 机：010-62770175　　　　　　　　邮　购：010-62786544
　　　　　投稿与读者服务：010-62776969, c-service@tup.tsinghua.edu.cn
　　　　　质量反馈：010-62772015, zhiliang@tup.tsinghua.edu.cn

印 装 者：小森印刷（北京）有限公司
经　　销：全国新华书店
开　　本：170mm×240mm　　**印　张**：16.5　　**字　数**：360千字
版　　次：2017年7月第1版　　2019年9月第2版　　**印　次**：2020年1月第2次印刷
定　　价：59.80元

产品编号：080718-01

前言

无论是传统网络时代,还是现在移动互联网的广泛应用,网络营销代替传统营销一直是主流,只是营销的方式或工具在不断变化,比如微信兴起,微信公众号成了营销和创业的工具,同时以今日头条为代表的新媒体平台崛起,也引导了内容电商时代的来临。

基于网络营销的成熟、稳定的市场和未来的发展大势,微信公众号从2000多万用户向亿级用户发展,伴随着今日头条7亿用户等新媒体、内容电商的崛起,为了让更多的创业或运营入门者快速入行,作者团队根据自身运营经验,特别策划了本套"从零开始学运营"系列,以帮助大家快速上手,用最短的时间掌握营销技巧,实现商业变现!

"新媒体"一词的兴起,源自互联网、移动互联网以及移动设备等的发展,它是相对于报刊、电视广播等传统媒体而言的新型媒体形态。新媒体的运营,是利用当下热门的自媒体平台进行运营、推广、营销,向客户广泛或精准地推送消息内容,引流导粉,从而利用粉丝经济达到营销的目的。

现如今,新媒体运营的营销手段已不可小觑,只要是做营销的人,就能够利用互联网或者移动互联网进行新媒体营销,也就能够通过新媒体运营产生价值。不仅是那些依附于互联网的新型行业,现在传统行业也都陆续做出改变,与时代接轨。可以预见,在未来的十年中,无论哪个行业、哪个领域,甚至无论是PC端还是移动端、无论是金融还是房地产,都离不开新媒体的运营。

不光是企业、组织的运营离不开新媒体平台,移动互联网用户的运营也同样离不开新媒体平台。在自媒体高速发展的今天,每一个人都是媒体的参与者,也可以成为一个媒体。每一个人都可以是一个流量IP,获取名气与粉丝,以此实现个人梦想。这正是新媒体的魅力所在,也预示着新媒体运营无限的市场潜力。

基于现在新媒体运营平台的发展兴盛,许多新型媒体平台如雨后春笋般出现,且新媒体市场变化多端,让不少初次步入新媒体运营行业的新人十分困惑,因而大众对于新媒体运营相关书籍的需求愿望十分强烈。

为了满足广大运营者的需求,作者曾在2017年7月推出了《从零开始学新媒体运营推广》一书。该书出版之后,反响较好,收到了许多读者的良好反馈。时间过去了近两年,各大新媒体平台也发生了一些变化,而作者也在这段时间里对新媒体的运营有了新的见解与感悟。于是作者在原书的基础上对内容进行了调整，推出了《从零开始学新媒体运营推广（第 2 版）》一书。

相比于《从零开始学新媒体运营推广》，本书增加的内容主要包括：微信公众号的账号设置与客服运营、抖音短视频平台的运营、快手短视频平台的运营、直播平台的运营、音频平台的运营、社群运营、粉丝的留存与促活等。经过一系列调整之后，本书的内容虽然依然是 10 大章节，但其包含的内容却更加全面，操作步骤更详细，包含的新媒体平台也更丰富了。具体来说，本书的内容安排如下。

第 1 章 初建大门：认识新媒体营销

第 2 章 内容修炼：5 大维度创造核心价值

第 3 章 自家池塘：微信公众平台运营

第 4 章 推波助澜：微博自媒体运营

第 5 章 背靠大树：今日头条平台运营

第 6 章 海量引流：短视频与新媒体平台运营

第 7 章 IP 时代：直播、音频合体运营

第 8 章 转化导流：轻松解决运营最大难题

第 9 章 留存促活：提升用户活跃度推进平台发展

第 10 章 实战案例："手机摄影构图大全"新媒体运营笔记

可以说，本书是在原来内容的基础上选取其中的精华，再加上在这近两年的运营过程中摸索出来的实用技巧升级组成的。书中内容的改动幅度超过 50%，即便学习过《从零开始学新媒体运营推广》一书的读者，也可以从本书中学到更多新的运营技巧。当然，对新媒体运营没有太多基础的运营者来说，本书也是学习各种干货内容、掌握各种新媒体运营精华、从菜鸟变成运营高手的一个辅助利器！

本书由叶龙编著，参与编写的人员还有郭芷悦、刘胜璋、刘向东、刘松异、刘嫔、苏高、刘伟、卢博、周旭阳、袁淑敏、谭中阳、杨端阳、李四华、王力建、柏承能、刘桂花、柏松、谭贤、谭俊杰、徐茜、柏慧等人，在此一并表示感谢。由于作者知识水平有限，书中难免有错误和疏漏之处，恳请广大读者批评、指正。

编　者

目录

第1章 初建大门：认识新媒体营销 1

1.1 入门知识：揭秘新媒体营销实质 2
   1.1.1 定义：新媒体是什么 2
   1.1.2 认识：新媒体营销是什么 2
   1.1.3 属性：新媒体营销的性质 6
1.2 发展趋势：展望新媒体未来前景 7
   1.2.1 前沿：移动新媒体的发展 7
   1.2.2 分析：新媒体未来发展趋势 7
   1.2.3 总结：新媒体营销发展趋势 8
1.3 营销思维：玩转新媒体运营的基础 9
   1.3.1 互动：每个粉丝都是交流主体 10
   1.3.2 共存：用优质内容吸粉引流 10
   1.3.3 营销：娱乐化的策略是关键 10
   1.3.4 传播："病毒式"激发与扩散 11
1.4 运营平台：10大重量级新媒体平台 11
   1.4.1 抖音：专注新生代力量的音乐短视频 11
   1.4.2 快手：记录生活分享乐趣的大众平台 13
   1.4.3 今日头条：实现内容传播变现的资讯平台 14
   1.4.4 一点资讯：高度智能的新闻资讯阅读平台 15
   1.4.5 搜狐平台：原创自媒体的福利发放平台 16
   1.4.6 简书平台：整合写作与阅读的网络平台 17
   1.4.7 企鹅媒体：让内容准确曝光的互联网平台 18
   1.4.8 大鱼号：三大平台联手推出的在线视频平台 20
   1.4.9 网易媒体：标榜"有态度"的新媒体平台 21
   1.4.10 知乎平台：整合发散思维的网络问答社区 22

第2章 内容修炼：5大维度创造核心价值 23

2.1 抓住眼球：爆文标题的表达技巧 24
   2.1.1 技巧：优质标题的取名方法 24
   2.1.2 吸引：好标题要满足读者需求 25
   2.1.3 谨慎：标题拟写的注意事项 26
2.2 内容雕琢：文章正文的写作技巧 28
   2.2.1 多样：6种优质爆文表达形式 28

2.2.2 细心：4项正文创作注意事项 ... 29
2.2.3 创作：8类文章正文写作类型 ... 31
2.2.4 精髓：8大技巧表现爆文内容 ... 31

2.3 图片编辑：精美配图的吸睛技巧 ... 32
2.3.1 基础：优质好图应具备的3大特征 ... 32
2.3.2 必备：超高颜品应具有的8大要素 ... 33
2.3.3 拍摄：精品美图必会的几种构图技巧 ... 36
2.3.4 营销：3种简单方法协助便利推广 ... 39

2.4 图文排版：提高转发率的实用技巧 ... 40
2.4.1 段落：首行缩进 ... 40
2.4.2 要点：加粗调色 ... 41
2.4.3 开头：善用分隔线 ... 42
2.4.4 细节：图文搭配 ... 43
2.4.5 间距：内容调整 ... 44
2.4.6 工具：第三方编辑器 ... 45

2.5 提升人气：关键词设置的必备技巧 ... 45
2.5.1 研究：巧用工具设置关键词 ... 46
2.5.2 思维：从两个角度考虑关键词 ... 47
2.5.3 预测：两招学会设置关键词 ... 48
2.5.4 吸睛：关键词要引起读者关注 ... 50

第3章 自家池塘：微信公众平台运营 ... 53

3.1 账号设置：微信公众平台快速入门 ... 54
3.1.1 头像：修改后更吸睛 ... 54
3.1.2 账号：易于读者搜索 ... 55
3.1.3 介绍：提升平台形象 ... 57
3.1.4 电话：保持联系畅通 ... 58
3.1.5 水印：给图片加标签 ... 59
3.1.6 权限：IP白名单设置 ... 60

3.2 后台设置：精通微信公众号后台操作 ... 61
3.2.1 互动：巧用自动回复 ... 61
3.2.2 分类：自定义菜单 ... 64
3.2.3 反馈：管理用户留言 ... 68
3.2.4 活动：系统化投票管理 ... 69
3.2.5 规划：页面模板更清晰 ... 71
3.2.6 原创：转载情况说明 ... 74

3.3 客服运营：营造幕后回复的美好氛围 ... 76
3.3.1 回复：积极运用语言的魅力 ... 76
3.3.2 实时：移动端管理留言回复 ... 77
3.3.3 关注：第一次回复要有新意 ... 79

3.4 搜索运营：完善公众号的排名优化 ... 80
3.4.1 抢占：微信公众号搜索入口 ... 80
3.4.2 技巧：取名优化解决重点问题 ... 81

3.4.3 引导：与粉丝共享品牌形象
的建设 83
3.4.4 留存：增强黏性培养粉丝
活跃度 83

第4章 推波助澜：微博自媒体运营 85

4.1 深入了解：从零开始学微博营销 ...86
    4.1.1 初识：微博营销是什么 86
    4.1.2 分析：微博营销的特点 87
    4.1.3 定位：微博营销的价值 88
    4.1.4 作用：微博营销三阶段 88
4.2 充分准备：微博营销前的筹备工作 89
    4.2.1 设置：微博取名原则 89
    4.2.2 更换：头像设置技巧 89
    4.2.3 输入：标签设定规则 90
    4.2.4 修改：介绍基本信息 91
    4.2.5 完善：增加资料可信度 91
4.3 积极把握：微博营销的推广策略 91
    4.3.1 建立：微博粉丝群 91
    4.3.2 参与：积极的互动 92
    4.3.3 推广：利用广告牌 93
    4.3.4 营销：推广硬广告 93
    4.3.5 服务：把握公关回复 94
    4.3.6 构建：微博营销团队 95
    4.3.7 编辑：个人标签设置 95
    4.3.8 技巧：品牌营销策略 96
    4.3.9 借势：话题营销策略 96
4.4 熟练驾驭：玩转微博营销的小技巧 97
    4.4.1 更新：长期坚持发博 97
    4.4.2 互动：主动关注与评论 97
    4.4.3 发布：抓住话题热点 97
    4.4.4 挖掘：微博软文的故事 98
    4.4.5 制造：原创性新闻内容 99
    4.4.6 运营：学会用@符号 99
    4.4.7 对比：勇于向对手学习 100
    4.4.8 提炼：140字打造精华 100
4.5 注意事项：避开微博营销的这些误区 101
    4.5.1 误区1：所有企业和产品都适用 102
    4.5.2 误区2：帖子内容的编写很容易 103
    4.5.3 误区3：转发量大就是效果好 103
    4.5.4 误区4：唯一的新媒体营销平台 104
    4.5.5 误区5：只需要发布营销的软文 104
    4.5.6 误区6：发完帖子就算完成营销 105

第5章 背靠大树：今日头条平台运营 107

5.1 实战经验：今日头条的发文 108
    5.1.1 注册前：熟知条件与准备资料 108
    5.1.2 注册中：多种终端的入驻途径 109
    5.1.3 价值：平台粉丝的数据分析 115
    5.1.4 发文：头条号的推文步骤 115

5.1.5 维权：平台保护原创
版权 116
5.2 内容推广：提高推荐和阅读 ... 117
　5.2.1 消重：知晓内容推荐量
的来由 117
　5.2.2 推荐：清楚文章的目标
用户 119
　5.2.3 营销：病毒式的大范围
传播 120
　5.2.4 分析：大数据实现精准化
推广 121
　5.2.5 包装：两大方法增加
曝光度 122
5.3 注意事项：文章推送的忌讳 ... 122
　5.3.1 影响：标题取名须知 123
　5.3.2 要求：设计图片水印 123
　5.3.3 版式：文章排版要求 124
　5.3.4 引导：广告引语要隐蔽 ... 124
　5.3.5 修改：避免文章反复
改写 125
　5.3.6 认识：遵从机器推荐
系统 125
　5.3.7 规范：文章的过审准则 ... 126
5.4 留存促活：今日头条的运营 ... 126
　5.4.1 要点：抓住用户痛点 126
　5.4.2 关键：创造爆款软文 127
　5.4.3 引流：借助视频内容 129
　5.4.4 互动：运用私信功能 129
　5.4.5 精选：设置自定义菜单 ... 130
　5.4.6 控制：消除负面回复 131
　5.4.7 征求：多方聆听意见 132
　5.4.8 活动：让用户积极参与 ... 132
　5.4.9 激励：发送物质福利 133

第6章　海量引流：短视频与新媒体平台运营 135

6.1 抖音视频：专注新生代的音乐
视频平台 136
　6.1.1 管理：抖音号的平台与
用户 136
　6.1.2 准备：4种抖音视频拍摄
方式 138
　6.1.3 方法：轻松获取内容素材
途径 140
　6.1.4 要点：把握成为爆款视频
的关键 141
　6.1.5 引流：积极参与创意挑
战赛 143
6.2 快手视频："接地气"的短视频社
交平台 144
　6.2.1 简介：快手短视频的产品
特点 144
　6.2.2 发布：视频导出与多平台
引流 144
　6.2.3 题材：留心选题库与选题
筛选 149
　6.2.4 封面：决定视频播放量的
关键 151
6.3 其他平台：多种优质社交文化
视频集锦 152
　6.3.1 优酷：贴心体察用户兴趣
的平台 152
　6.3.2 爱奇艺：注重用户体验的
平台 153
　6.3.3 bilibili：一群年轻人的
聚集地 153

6.3.4 火山小视频：轻松获取收益
的平台 154
6.4 矩阵平台：新媒体营销运作的
引流技巧 155
6.4.1 一点资讯：为兴趣而生 155
6.4.2 搜狐平台：三大资源
齐聚 156
6.4.3 网易平台：品牌依托有
保障 157
6.4.4 QQ 平台：满足多元化
需求 159
6.4.5 简书平台：一个优质的创作
社区 160
6.4.6 百度百家：百度旗下的自媒
体平台 161
6.4.7 知乎平台：发现更大的
世界 162

第 7 章　IP 时代：直播、音频合体运营 165

7.1 直播平台：粉丝经济的超级
玩法 166
7.1.1 斗鱼：变革传统直播
文化 166
7.1.2 虎牙：启封游戏世界
新大门 167
7.1.3 熊猫：全方面发展创
新高 167
7.1.4 映客：开启全民直播
时代 171
7.1.5 腾讯：直面体育赛事
现场 172

7.1.6 花椒：带着 VR 一起去
旅行 173
7.1.7 聚美：打造信任型消费
模式 174
7.2 音频媒体：聆听世界万物之声 175
7.2.1 喜马拉雅：传递好声音的
分享平台 175
7.2.2 蜻蜓 FM：汇聚大众资源
的音频平台 177
7.2.3 荔枝 FM：轻松引流的
网络轻电台 179
7.2.4 考拉 FM：进驻直播领域
的音频电台 180
7.2.5 千聊 APP：开启知识共享
大门的平台 181
7.3 案例分析：顶级流量的成名
历程 184
7.3.1 小苍：著名电竞游戏女
解说 184
7.3.2 张大奕：超高流量的
淘宝店主 184
7.3.3 高晓松："晓松奇谈"再创
焦点 186
7.3.4 黎贝卡：时尚界的"买买买
教主" 186
7.3.5 同道：通过星座文化打造多
种衍生品 188

第 8 章　转化导流：轻松解决运营最大难题 191

8.1 运营转化：新媒体的粉丝经济 192
8.1.1 方法：粉丝转化成经济 192
8.1.2 影响：粉丝转化的作用 192

8.2 深入探究：粉丝经济的重要
结构......................................193
 8.2.1 结构1：社会资本与信任
   关系..............................193
 8.2.2 结构2：自组织网络与
   口碑推荐......................194
 8.2.3 结构3：互惠关系与消费者
   驱动的C2B模式...........195
 8.2.4 结构4：社交对话与虚拟
   自我..............................195
8.3 吸粉引流：运营必会的导流
方法......................................196
 8.3.1 简介：结尾放置介绍法...196
 8.3.2 图文：搞笑内容引流法...197
 8.3.3 推广：与广告推荐方
   合作..............................197
 8.3.4 评论：答疑解惑的留言
   导流..............................198
 8.3.5 结语：利用二维码引导粉丝
   关注..............................199
 8.3.6 软文：利用朋友圈获取
   人气..............................199
 8.3.7 H5：显著提升软文效果...200
 8.3.8 活动：策划免费福利
   赠送..............................201
8.4 社群经济：紧密用户之间的
联系......................................202
 8.4.1 互动：从无到有的关系
   构建..............................202
 8.4.2 留存：让用户制造和分享
   内容..............................204
 8.4.3 培养：好体验拥有铁杆
   粉丝..............................204

 8.4.4 口碑：让粉丝乐于推荐
   给旁人..........................205
 8.4.5 建群：用小圈子拉近双方
   情感..............................206
 8.4.6 加群：积极高效混群
   促成熟..........................207
 8.4.7 管理：一对多悉心运营
   微信群..........................208
 8.4.8 公告：让每个群成员一眼
   看到..............................209
 8.4.9 营销：塑造品牌增加用户
   黏度..............................210
 8.4.10 活动：发送红包活
   跃气氛..........................211

第9章 留存促活：提升用户活跃度推进平台发展.....213

9.1 留存运营：以心换心赢得粉丝
口碑......................................214
 9.1.1 产品：把控质量才能收获
   好评..............................214
 9.1.2 推送：把握内容差异化和
   精准化..........................215
 9.1.3 引导：让用户快速地熟悉
   平台..............................216
 9.1.4 需求：有针对性地解决
   用户问题......................217
 9.1.5 奖励："签到+积分+任务
   模式"机制..................218
 9.1.6 营销：用内容形成品牌效应，
   增强黏性......................220
 9.1.7 福利：把握用户趋利性制定
   优惠网页......................220

9.1.8 评价：及时沟通处理中差评
留言 221

9.1.9 投诉：5大角度沟通降低
运营损失 222

9.1.10 体验：积极跟踪与观察
用户的感受 223

9.2 促活运营：用最少的钱做最好
的投资 224

9.2.1 活动：5种方式快速
促活 224

9.2.2 机制：物质激励巧妙
促活 224

9.2.3 勋章：低成本的精神奖励
促活 225

9.2.4 通知：直接可见的活跃度
显示 226

9.2.5 提醒：版本更新的促活
行为 228

9.2.6 列表：安排任务提升用户
体验 228

9.2.7 等级：福利差异提升用户活
跃度 229

第10章 实战案例："手机摄影构图大全"新媒体运营笔记 231

10.1 今日头条：熟练平台的运营
技巧 232

10.1.1 注意：尽量不要删除
文章 232

10.1.2 运营：文章求收藏点赞
转发 232

10.1.3 分享：站内站外同步
推送 234

10.1.4 互动：评论区的留言
回复 235

10.2 一点、搜狐：引爆阅读的实战
技巧 236

10.2.1 咨询：一点号审核的
快慢 236

10.2.2 推广：转发分享的
重要性 236

10.2.3 分析：平台文章的相关
数据 237

10.2.4 设置：搜狐平台发文
版式 238

10.3 简书平台：文章吸粉导流的
小技巧 238

10.3.1 运营：创建专题的
步骤 238

10.3.2 涨粉：可控的点击阅
读量 239

10.3.3 引流：评论回复添
广告 239

10.3.4 交流：给粉丝发送
简信 240

10.4 网易、企鹅：提升权益的分析
技巧 240

10.4.1 注意：网易号的结尾
引导 240

10.4.2 查看：网易号的各项
数据 241

10.4.3 划分：发文获取星级
权益 241

10.4.4 统计：企鹅号的数据
分析 242

10.5 小程序：关联微信轻松获取
流量入口 243

- 10.5.1 通知：将小程序与公众号互相关联 243
- 10.5.2 链接：利用公众号图文进行推广 245
- 10.5.3 跳转：利用公众号的菜单栏推广 247
- 10.5.4 入口：关联小程序可互相跳转 249
- 10.5.5 广告：打开营销引流新窗口 250

第1章

初建大门：认识新媒体营销

学前提示 移动互联网的发展，让新媒体应运而生，这种新型的媒体形式催生了新的营销模式，且加大了传统媒体的转型，同时也让各大行业纷纷转身，利用新的媒体平台来提升自身的行业竞争力。

本章主要对新媒体以及新媒体营销等内容进行简单介绍，进而探究它的发展和新媒体10大平台。

要点展示
- ▶ 入门知识：揭秘新媒体运营实质
- ▶ 发展趋势：展望新媒体未来前景
- ▶ 营销思维：玩转新媒体运营的基础
- ▶ 运营平台：10大重量级新媒体平台

1.1 入门知识：揭秘新媒体营销实质

在移动互联网迅速发展的当下，新媒体给传统媒体带来了很大的冲击，为许多行业的发展提供了新的营销平台。下面主要带领大家一起走进新媒体、认识新媒体及新媒体营销，帮助读者对新媒体的运营做出初步把握。

1.1.1 定义：新媒体是什么

目前，由于对新媒体的划分标准不一，业界对新媒体还没有做出完全硬性的分类规定。因此，对新媒体的定义主要包括以下两个方面内容。

(1) 狭义上，新媒体是继报纸、广播、电视等传统媒体之后，于最近几年发展起来的一种新的媒体形态，主要包括网络媒体、手机媒体、数字电视等，它是相对传统媒体而言的。

(2) 广义上，它指的是在各种数字技术和网络技术的支持下，通过电脑、手机、数字电视机等各种网络终端，向用户提供信息和服务的传播形态，它表现的是一种媒体形态的数字化。

新媒体相比传统媒体来说，它更偏重于为受众提供个性化的服务。在注重个性化的同时，它也为传播者和受众提供了一个可以交流的平台。例如，微博、微信等都属于新媒体的具体表现形态。

1.1.2 认识：新媒体营销是什么

新媒体营销是指利用新媒体平台进行营销的模式，就目前行业的发展来说，最具代表性的新媒体营销方式当属科技博客、手机媒体、IPTV、数字电视、移动电视、微博、微信这7大类。其中，微博、微信在新媒体营销方面发展最为火热。

下面对新媒体的7大营销方式进行具体介绍。

1. 科技博客

科技博客是发展得比较早的一类新媒体的代表，它属于众多博客中一个比较强大的分支，博客的文章大多是由一些从业者或者行业的专家凭兴趣进行撰写的。因此，科技博客里的文章的最大特点是以业余的形式展现专业的知识。

科技博客最具代表性的是 Tech Crunch，如图 1-1 所示为 Tech Crunch 的官方网站界面。

图 1-1　Tech Crunch 的网站界面

2．手机媒体

如今，手机早已不只是一种通信工具，它也是人们认识世界、了解世界、发现世界的新通道，人称"第五媒介"。一般来说，手机用户除了用手机与他人联系外，还会订阅手机报、书籍、杂志等。各种电子版的书籍成为人们获取信息的重要来源。

现在看来，也许很多人会认为手机报、电子书籍、杂志早已过时了，但是也不能完全否定它潜在的消费市场。如图 1-2 所示为手机用户用手机看文章的形象图。

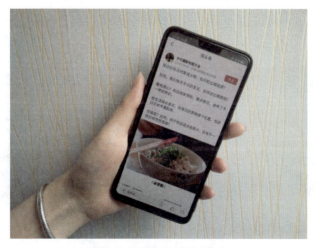

图 1-2　手机用户用手机看文章

3．IPTV

IPTV 指的是一种交互网络电视，它是互联网和传统电视的结合。它不再以固有的传播者与受众的定位来进行传播，而更偏重两者之间的互动，以实现共享和移动。中国移动、联通、电信都在不断努力打造新型的 IPTV，以获得竞争优势。如图 1-3 所示为中国电信 IPTV 的网站界面。

图 1-3　中国电信 IPTV 的网站界面

4．数字电视

数字电视是新媒体的重要代表之一。随着数字电视用户的不断增加，数字电视的产业链也在不断地完善与发展。如今，虽然年轻人更偏向于网络平台，但是对中老年人来说，他们还是更偏向于看电视。因此，商家在销售数字电视时应该打开老年人市场。如图 1-4 所示为数字电视的宣传图。

图 1-4　数字电视的宣传图

5. 移动电视

作为一种新兴的媒体形态，移动电视不仅覆盖面广，而且移动性强，"强迫收视"是其最大的特点。受众不仅可以借助移动电视欣赏相关的娱乐节目，而且可以从中获取城市的应急信息。移动电视一般出现在公交或地铁上，如图 1-5 所示为公交上的移动电视。

图 1-5　公交上的移动电视

6. 微博

微博是继新媒体发展后新兴的一种媒体形态。它通过一对多的互动交流方式，以及快速广泛传播的特性，为企业带来了良好的微博推广效果。如图 1-6 所示为新浪微博的界面。

图 1-6　新浪微博的界面

7. 微信

微信，作为一款社交应用，远远超越了社交媒体交流平台的定义。从免费的短信聊天功能，到最火热的语音交流体验，再到"摇一摇""扫一扫""附近的人""漂流瓶"等功能，以及微信公众号的推出，微信为广大用户创造了更多的信息传播渠道，给用户带来了全方位、高品质的服务体验。如图1-7所示为微信的部分功能界面。

图1-7 微信的部分功能界面

1.1.3 属性：新媒体营销的性质

新媒体营销多偏向于自媒体方面的运营发展，从现在主要的新媒体营销表现形式来看，新媒体营销具有以下性质。

(1) 体验性。改变了传统媒体"传者单向发布、受众被动接受"的状态，使每个受众既是信息的接收者，又扮演着传播者的角色，还摆脱了固定场所的限制，提高了消费者的参与体验，达到更好的传播效果。

(2) 沟通性。新媒体的信息传播速度相比传统媒体来说会更加迅速，消费者可以实时接收信息，并且做出相应的反馈，能让消费者的互动性更强。

(3) 差异性。与传统媒体营销方式有着很大的差别，在进行内容传播时，可以做到将文字、图片、视频等同时进行传播，不仅增加了传播内容的信息量，也在一定程度上扩大了传播内容的深度和广度。

(4) 创造性。创造可能的舆论热点，超越传统媒体的信息竞争。

(5) 关联性。更注重"关系"与"情感",影响是"深度卷入",而不是"生拉硬拽",使广告产生真正的影响力。

1.2 发展趋势:展望新媒体未来前景

随着新媒体的不断发展,很多行业都会利用这个平台展开营销之战。那么,新媒体是如何发展的呢?下面和大家一起来探究。

1.2.1 前沿:移动新媒体的发展

随着移动互联网用户的不断增加,移动新媒体也进入了新的发展时期,走向了发展的新巅峰,它开启了"智能移动终端 + AAP"的新模式。腾讯、网易、搜狐等各大移动新闻客户端进入了全面的深度整合时期,以打通微信、微博以及视频平台的方式,打造全媒体的发展战略,进一步满足了受众的个性化需求。如图 1-8 所示为国内新媒体用户对新媒体的认知分布。

图 1-8 国内新媒体用户对新媒体认知分布

1.2.2 分析:新媒体未来发展趋势

目前,随着新媒体的不断发展,开始有人提出:媒体未来的趋势会怎样?而新媒体和传统媒体又将怎样?新媒体发展得这么好,传统媒体还有市场吗?下面从以下方面来分析讲解新媒体未来的发展趋势。

1. 发展渠道

新媒体发展的话题一直是媒体行业人讨论的热点,很大一部分人说新媒体会取代传统媒体成为未来移动媒体的No.1。在如今的电商平台就能明显地看出来，移动电商平台不仅让人们打破了对网购的成见，更是极大影响着现代年轻人的生活方式。因此，新媒体可以借助新时代的移动电商这一发展渠道打开未来营销市场。

2. 关系的价值

传统媒体的信息媒体是电视、报纸、海报等，而当今新媒体的信息媒体是微信、微博等一些新媒体平台。尤其是微信朋友圈这种通过朋友、同事、家人之间的营销，充分地表明了"关系"在移动互联网中的营销价值。

3. 专一细致

细分群众的兴趣爱好是新媒体的一大优势及亮点，不再像传统媒体一样只顾推广和传播，追求广泛的范围和全面的人群，而是缩小领域，专一地做自己领域的营销，让受众更加持久，在同领域中创造价值。

4. 时代变化

俗话说："长江后浪推前浪，一浪更比一浪强"，时代和人群的变化是新媒体快速发展的主要原因。例如，现在80%的人是在互联网网站上看视频、看直播、看影视剧，电视媒体这一现状就是借助新媒体发展的趋势，创新了自己传统的创作与传播方式，获得新时代主流人群依赖的。

5. 信息精选

在信息庞大、繁杂的时代，个性化的媒体是有生存优势的。例如，今日头条的新闻推送，根据用户关注的订阅和兴趣推送该用户感兴趣的新闻、话题、信息，以达到用户长期使用的效果。这就说明能够提供判断、分析的新媒体是有很大市场的，只有保证了用户的持久使用，营销才会持续。

1.2.3 总结：新媒体营销发展趋势

其实从很多方面可以看出，新媒体和传统媒体并不是谁替代了谁，而是相互扶持，取其两方精华，共存共荣的一种关系。新媒体之所以受媒体商家欢迎，是因为与传统媒体相比，新媒体更容易获取相应的营销利益。因此，营销才是最主要的，那么，新媒体营销的发展又会有怎样的趋势呢？下面来进行分析。

(1)新媒体的优势和特点是可以帮助企业进行营销整合、扩大品牌知名度和拓展营销市场,因此,企业和个人在营销的时候会优先考虑新媒体平台,从新媒体平台入手,打开企业营销之路。

(2)我国的主流消费群体是"80后""90后""00后",新媒体的发展让他们在互联网中长大,智能手机的普及更是让他们24小时都在接触媒体信息。可以说,主流人群的生活、工作、学习、娱乐等方式有90%的信息都是从网络中获取而来,不论什么时间他们都在与媒体接触,并且影响越来越大。

例如,"手机摄影构图大全"微信公众号就是某公司为了销售该公司的产品所选择的新媒体营销平台,利用微信的"关系"营销价值,在微信公众号上发布公司精美的文案内容,吸引对该产品感兴趣的人群,从而达到销售产品的效果。如图1-9所示为"手机摄影构图大全"微信公众号的相关内容。

图1-9 "手机摄影构图大全"微信公众号的相关内容

从上述几个方面可以看出,新媒体营销还在持续发展,热度依旧,且越来越多的企业愿意用这样的方式营销自己的产品。相关调查表明:70%的经营者准备把对传统媒体减掉的份额用在新媒体的移动广告这一块,相信不久新媒体营销会以迅雷不及掩耳之势席卷整个媒体行业。

1.3 营销思维:玩转新媒体运营的基础

在移动互联网时代,新媒体的发展最重要的就是对新媒体营销思维的运用。要想实现新媒体的营销,就要创造出有价值的内容。只有这样,这个媒体平台才能得到更好的运营。新媒体营销常用的思维主要包括粉丝思维、平台思维、营销思维和病毒传播思维，本节主要对这4种思维进行具体介绍。

1.3.1 互动：每个粉丝都是交流主体

粉丝思维，主要体现在新媒体平台与粉丝之间的互动上。传统意义上的互动指的是一群人聚集在一起，通过脑力去解决某个问题，而移动互联网时代的互动却是指网络信息的双向互通。网络的特殊性改变了传统单向的信息流动方式，网络舆论的生成让企业了解用户内心的想法，每个人都是互动的主体，每个人都有属于自己的不同观点和意见，这些观点的交流和交融能够为新媒体运营带来全新的面貌。

1.3.2 共存：用优质内容吸粉引流

平台思维，其实是一种"打造精品内容"思维，即通过优质的、对用户有价值的内容吸引用户、留住用户。打造一个好的平台，除了要在内容上下功夫之外，还需要在排版、图片、文字等细节上入手，通过舒适的版面、高清的图片和有料的文字来吸引用户。

同时，平台内的资源运作也是平台思维的思想之一，什么是资源运作？资源运作就是当一个平台的粉丝量达到一定程度时，这些粉丝就可以成为一种资源，与平台成为利益共存体。这样的平台不仅能够留住粉丝，还能实现平台和粉丝的利益最大化。

因此，对于公众平台来说，平台思维是相当重要的。

1.3.3 营销：娱乐化的策略是关键

新媒体的营销思维很大程度上体现在内容的娱乐性上。移动互联网时代，消费者喜欢任何具备娱乐化性质的事物，新媒体在运营时要抓住这个要点，打造一套创新的娱乐化新媒体营销策略。

娱乐化的新媒体营销方式也是传播的一种手段，它主要指企业在利用移动互联网进行新媒体营销的过程中，利用各种娱乐化元素吸引消费者的目光达到信息传播的目的。

娱乐化的新媒体营销策略主要表现在以下两个方面。

1．娱乐精神

新媒体从业者在营销过程中要充分发挥娱乐精神，用创意的思维为用户制造轻松的环境，打造具备娱乐精神的营销活动。

2．制造好玩的事件

新媒体从业者还需要注意的是，在营销内容上不要以严肃的、乏味的说教形式进行内容营销，而是要制造好玩的事件让全民狂欢起来，才能得到关注。

1.3.4 传播："病毒式"激发与扩散

病毒式传播是由受众自发产生的一种发散式、激荡式、扩散式的传播方式。新媒体从业者具有的病毒传播思维其实就是一种"病毒"营销思维。这种思维方式，有利于扩大辐射面、影响力，进而提高企业的知名度和美誉度。下面为大家提供一些病毒式传播的建议。

- 长篇文章更容易被分享，转发量也更大，应多发表一些篇幅较长、质量较高的文章。
- 愤怒是一种最容易进行病毒式传播的情绪，要想引起受众的愤怒，只要多写一些可以激起受众愤怒情绪的内容即可。当然，这种愤怒并不是针对作者而是针对内容本身。
- 充满感情的内容更容易实现病毒式传播，这不仅可以让受众产生共鸣以获得情感体验，对企业来说也是一种情感营销的方式。

1.4 运营平台：10大重量级新媒体平台

"互联网＋"时代，各种新媒体平台将内容创业带入高潮，再加上移动社交平台的发展，为新媒体运用带来了全新的粉丝经济模式，一个个拥有大量粉丝的IP由此诞生，成为新时代的商业趋势。下面介绍新媒体运营会用到的10大新媒体运营平台。

1.4.1 抖音：专注新生代力量的音乐短视频

抖音APP是由北京微播视界科技有限公司研发的一款专注15秒音乐视频的拍摄软件。

1. APP 发展简介

相对于一般的短视频拍摄软件来说，抖音 APP 的出现犹如一股清流，抛弃传统的短视频拍摄，转而拍摄音乐短视频，对于如今的年轻人来说，这一软件的出现能让他们以不一样的方式来展示自我。此外，抖音 APP 音乐中的节奏感十分明朗强烈，让追寻个性和自我的年轻人争相追捧。如图 1-10 所示的就是抖音 APP 的封面以及登录界面。

图 1-10　抖音 APP 封面及登录界面

2. APP 最大特色

相比于其他的短视频拍摄软件只是在视频的呈现方式上下功夫，抖音 APP 则是另辟蹊径，以音乐为主题进行视频拍摄，这是其最大特色。

3. APP 功能用法

抖音 APP 作为一款音乐短视频拍摄软件，其主要功能自然是音乐视频的拍摄。进入抖音 APP 首页，点击 图标，即可进入抖音 APP 功能用法界面，如图 1-11 所示。

图 1-11　抖音 APP 主要功能用法页面

❶上传视频：将已经拍摄好的视频上传至抖音 APP 平台。
❷选择音乐：选择相应音乐即可录制与音乐相配合的视频。
❸音乐分类：将音乐系统划分，方便不同喜好的用户选择喜欢的音乐类型。
❹热门音乐：时下流行度高，传唱度高的音乐。
❺开始拍摄：选择好音乐之后可以直接开始拍摄，或者不想选择音乐也可以直接点击进入拍摄界面。
❻收藏音乐：可以将喜欢的音乐收藏起来，以便在后面视频拍摄的时候直接从"我的收藏"中选择运用。
❼本地音乐：用户手机中拥有的音乐。

此外，抖音 APP 还有一些小功能值得发掘，一是在首页为用户提供相关的音乐推荐，用户可以根据自己的喜好选择相应的背景音乐。二是用户也可以选择快拍或者慢拍两种视频拍摄方式，并且具有滤镜、贴纸以及特效，使用户的音乐短视频拍摄得更加具有多变性和个性。三是抖音 APP 还能将拍摄的音乐短视频分享到朋友圈、微博、QQ 空间以及针对性地分享给微信朋友等。

1.4.2 快手：记录生活分享乐趣的大众平台

快手是一款比较接地气的 APP，同时也是普通老百姓娱乐的绝佳平台，它的收益方式主要是以观看直播的粉丝打赏为主。对于主播而言，只要有足够的粉丝支持，内容质量高，就能够获取较为可观的收益。如图 1-12 所示为快手的直播界面，发送礼物就是收益的体现。

图 1-12　快手直播页面

如图 1-13 所示为快币的充值页面，如果粉丝想要给自己喜欢的主播送礼物，就需要充值快币，而快币又是与现实中的货币挂钩的，故礼物赠送越多主播获取的收益也会更多。

图 1-13　快币的充值页面

快手的直播功能可以提供给主播收益，具体的方法为：扣税 20% 左右，55% 左右分成，剩下的就是主播的实际收入。

1.4.3　今日头条：实现内容传播变现的资讯平台

今日头条媒体平台又称为"头条号"，是由"今日头条"推出的一个媒体/自媒体平台，可以帮助各种企业、个人创业者以及机构等对象扩大自身影响力，增加曝光激活的关注度。如图 1-14 所示为今日头条用户首页界面。

图 1-14　今日头条用户首页界面

今日头条平台有以下几个方面的特点，如图 1-15 所示。

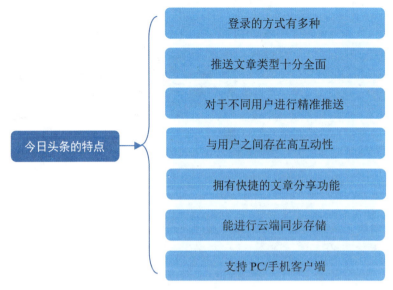

图 1-15 今日头条的特点

今日头条还推出了手机应用，是一款用户量超过 4.8 亿的新闻阅读客户端，据统计，在今日头条移动端上，单用户每日使用时长超过 65 分钟，每天社交平台分享量达 550 万次，其精准推送模式让用户不必再受其他繁杂冗长的信息困扰。

在今日头条 APP 上，聚合了超过 5000 家站点内容，用户可以在该平台上阅读到最权威、最时讯的新闻资讯，更有超过 7 万家头条号每日为用户创作新鲜精彩的内容，平台每日聚集了 400 位工程师对算法进行优化，能够 5 秒钟就算出用户的兴趣话题和内容，然后推送为用户量身打造的专业资讯。

但是在申请头条号时，需要注意以下细节。

第一，提供有效的原创内容的链接必须真实有效；

第二，文章内容最好采用软文形式来撰写；

第三，必须按照系统的要求上传信息清晰的证件照片，尤其是手持身份证照片必须清晰。

1.4.4 一点资讯：高度智能的新闻资讯阅读平台

一点资讯自媒体平台又称为一点号，是由一点资讯推出的一个内容发布平台，个人媒体、机构媒体、政府政务组织、企业以及其他组织等都可以申请注册该平台。如图 1-16 所示为一点资讯平台概述。

图 1-16 一点资讯平台概述

当你申请到一点号账号后,即可通过一点资讯平台为用户提供更精准的资讯内容。一点资讯的 APP 还首创了"兴趣引擎"模式,以用户兴趣为引导来推送各种资讯,同时结合了个性化推荐和搜索技术,成为移动互联网时代高效、精准的内容分发平台。一点资讯 APP 通过掌握并分析不同用户的兴趣,然后根据用户的主动订阅行为来加强对其兴趣的解读,并在这些兴趣之间建立一种连接关系,主动为用户推荐他们感兴趣、想看的内容。

一点资讯的内容分类也比较清晰,如 PC 端包括了首页、热点、社会、股票、美女、搞笑、科技、互联网、财经、军事、体育、趣图、汽车、健康、时尚、科学等常见的内容形式。

一点资讯通过移动互联网技术极大地提高了用户体验,丰富的内容再加上独特的"兴趣引擎",这对于互联网创业者来说,也为他们带来了更多用户群体,可以帮助优秀的自媒体人更快地找到与自己匹配的粉丝。

1.4.5 搜狐平台:原创自媒体的福利发放平台

搜狐公众平台是由四大门户之一的搜狐推出的一个分类内容的入驻、发布和分发全平台,用户可以免费申请公众平台账号,在其中输出自己的行业内容,并在此得到一定的订阅用户数,以提升自身的影响力。

其中,搜狐新闻 APP 是搜狐公众平台的内容最佳展示地,在方寸之间聚合优质媒体资源,通过"订阅平台+实时新闻"的方式,为用户带来个性化的阅读体验。

如图 1-17 所示为搜狐公众平台个人媒体账号的首页。

图1-17 搜狐公众平台个人媒体账号首页

搜狐公众平台其资源力量是比较充足的，如图1-18所示是搜狐公众平台官网列举出的自己平台具有的特点。

搜狐公众平台特点

三端全力推广：集中搜狐三端的优质流量大力推广自媒体，快速获取阅读量。文章只需要发布一次，搜狐三端同步显示。
自动化推荐上头条：打破原有编辑推荐机制，根据文章本身质量及流量表现进行自动化推荐，写的好就有机会上头条。
关系链传播：订阅、评论、分享，利用关系链传播获取更多流量。
自动生成个人移动站点：搜狐公众平台结合搜狐建站产品快站为自媒体用户自动生成一个移动站点，并可以登录快站自行修改。
百科式内容分类：根据垂直频道的属性，建立百科内容分类，优质文章选择相应的分类就会出现分类对应的自动列表中，或被推荐到频道首页等重要位置。
公众平台目前重点运营的分类为：旅游、健康、时尚、母婴、教育、美食、汽车、科技等，其他分类如体育、评论、公益、娱乐也在陆续拓展中。

图1-18 搜狐公众平台列举出的自己平台的特点

1.4.6 简书平台：整合写作与阅读的网络平台

简书是一款优质的写作平台，有PC端和手机端两种客户端，其最大的特色是它的编辑功能，一键生成的图片没有限制，想发多少就能发多少，而且给用户带去的写作体验是很多写作平台所比不了的，用户可以只用考虑文字的应用和思想感情的表达，专注于写作，不用为格局、版式而烦恼。

可以说，简书深受文字爱好者的喜爱，如果你想拥有一本属于自己的书，在简书上锻炼自己的文笔再好不过了，而且简书上大部分都是志同道合的编辑或新媒体运营者，大家会认真地去看平台发布的文章，并给出自己真实的评论和建议，能收获很多经验。

如图 1-19 所示为简书平台的个人账号首页。

图 1-19　简书平台的个人账号首页

简书的功能特征如图 1-20 所示。

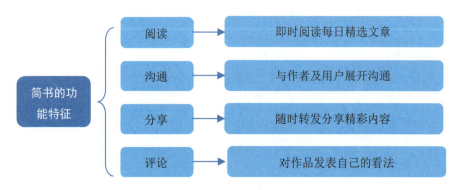

图 1-20　简书的功能特征

1.4.7　企鹅媒体：让内容准确曝光的互联网平台

腾讯企鹅媒体号，原名是腾讯开放媒体平台，是由腾讯公司推出的产品，但与 QQ 公众平台不是同一个产品。

如图 1-21 所示为企鹅媒体平台的官网登录页面。

图 1-21　企鹅媒体平台的登录页面

企鹅媒体平台针对微信与 QQ 的不足之处进行了改进，加强了以下方面的功能，如图 1-22 所示。

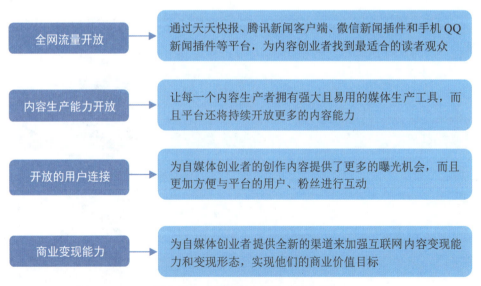

全网流量开放　→　通过天天快报、腾讯新闻客户端、微信新闻插件和手机 QQ 新闻插件等平台，为内容创业者找到最适合的读者观众

内容生产能力开放　→　让每一个内容生产者拥有强大且易用的媒体生产工具，而且平台还将持续开放更多的内容能力

开放的用户连接　→　为自媒体创业者的创作内容提供了更多的曝光机会，而且更加方便与平台的用户、粉丝进行互动

商业变现能力　→　为自媒体创业者提供全新的渠道来加强互联网内容变现能力和变现形态，实现他们的商业价值目标

图 1-22　企鹅媒体加强的功能介绍

1.4.8 大鱼号:三大平台联手推出的在线视频平台

作为近来比较火热的在线视频渠道,大鱼号的显著优势主要体现在打通了优酷、土豆以及 UC 三大平台的后台,同时在大鱼号的登录页面也有优酷和土豆的品牌标识,如图 1-23 所示。

图 1-23　大鱼号的登录首页

大鱼号的收益方式主要分为三种,一是广告分成,二是流量分成,三是大鱼奖金升级。

首先来看广告收益,如果用户想要获取广告分成,满足以下几项条件中的一项即可,具体如图 1-24 所示。

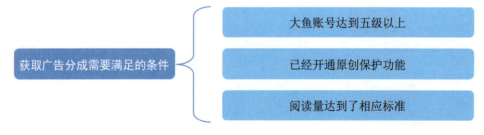

图 1-24　获取广告分成需要满足的条件

其次是流量分成,获取流量分成的要求比较简单,只要大鱼账号达到 5 星即可。

最后是大鱼奖金升级,报名争取奖金的门槛并不低,而且需要满足较多的条件,有一些条件是要求必须满足的,但也有一些条件则是满足其中一项即可,具体如图 1-25 所示。

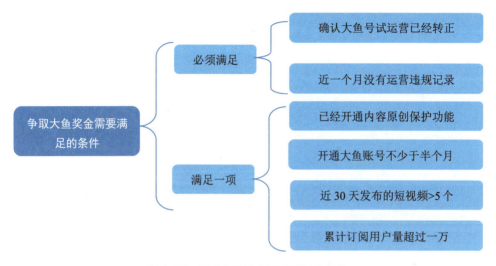

图 1-25　争取大鱼奖金需要满足的条件

1.4.9　网易媒体：标榜"有态度"的新媒体平台

网易的影响力是不容忽视的，内容创作者在申请网易的新媒体平台时，必须使用网易邮箱进行申请。如图 1-26 所示为网易号媒体开放平台注册与登录页面，创业者可以在此注册并登录"网易号"，在其中发布的文章可以出现在网易新闻 APP 中。

图 1-26　网易号媒体开放平台注册与登录页面

网易号媒体开放平台的内容发布形式有两种：手动发布、快捷地抓取发布。"网易号"没有单独开发 APP，而是在网易新闻 APP 中添加了一个相关的频道，如图 1-27 所示。

图 1-27　"网易号"栏目

网易新闻以"有态度"作为自己的宣传口号,并且通过流畅的用户体验、即时的新闻内容以及"犀利"的评论内容等受到用户的青睐。

网易号的到来,让互联网内容创业者看到新的亮点,如高效分发、原创保护、现金补贴、品牌助推等诸多功能,成为一个值得入驻的新媒体平台。

1.4.10　知乎平台:整合发散思维的网络问答社区

知乎平台是一个社会化问答社区类型的平台,真实的网络问答社区,帮助用户寻找答案和分享知识。目前拥有 PC、手机两种客户端,月访问量上亿。知乎平台的口号是:"与世界分享你的知识、经验和见解。"

用户要注册、登录之后才能够进入知乎平台首页,而且在注册时还需要输入自己的职业或专业。用户在输入自己这些信息之后,会出现一个需要选择感兴趣话题的页面,对于这里的选择,用户可选可不选。

如图 1-28 所示为知乎平台个人账号的首页。需注意的是,平台首页上显示的内容是根据用户选择的感兴趣的话题推送的。

图 1-28　知乎平台个人账号首页

第 2 章

内容修炼：5 大维度创造核心价值

学前提示

在新媒体迅速发展的当下，各大行业也开始纷纷利用新媒体平台来提升自身的行业竞争力。但在新媒体运营之前，运营者应定位自己的主题内容，并利用好营销内容中的标题、正文、图片、排版、关键词等可以带来利益的方面。本章将从这 5 个方面对新媒体运营的内容进行讲解和分析。

要点展示

- ▶ 抓住眼球：爆文标题的表达技巧
- ▶ 内容雕琢：文章正文的写作技巧
- ▶ 图片编辑：精美配图的吸睛技巧
- ▶ 图文排版：提高转发率的实用技巧
- ▶ 提升人气：关键词设置的必备技巧

2.1 抓住眼球：爆文标题的表达技巧

标题是衡量一篇文章好坏的重要依据，因此新媒体内容运营者要想真的做好新媒体内容运营，写出更多爆文，首先就需要给每篇文章取一个能够吸引用户点击阅读的标题。本章主要介绍拟写爆文类标题的注意事项以及一些爆文文章标题的类型。

2.1.1 技巧：优质标题的取名方法

标题决定着新媒体运营者 80% 的浏览量，是新媒体营销运营的灵魂。针对不同的新媒体产品、类型或服务协作，标题的取法是不一样的。下面来了解新媒体运营中标题写作和取名的一些技巧，如图 2-1 所示。

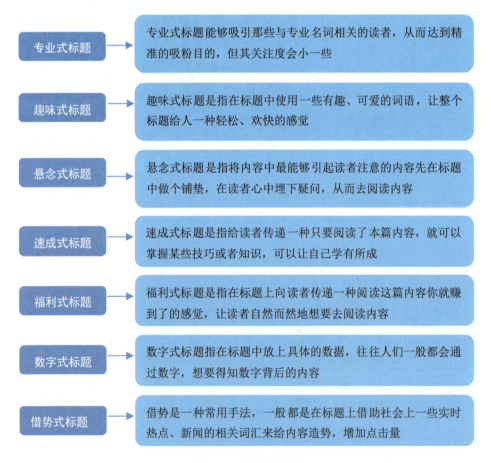

图 2-1 标题取名技巧

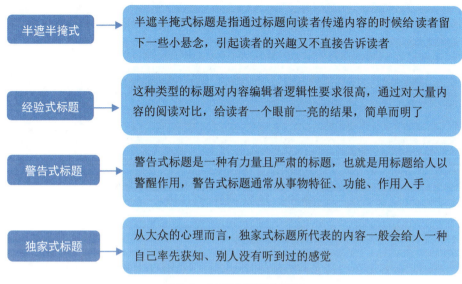

图 2-1　标题取名技巧（续）

2.1.2　吸引：好标题要满足读者需求

爆文标题能成功吸引到读者的重要原因就是能满足读者以下几种需求，如图 2-2 所示。

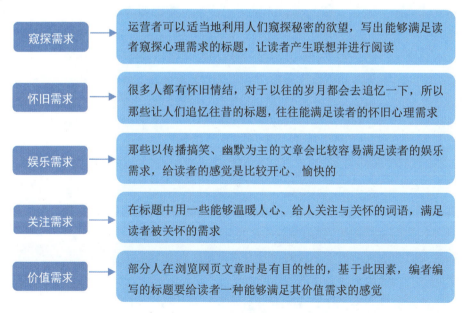

图 2-2　读者的阅读需求

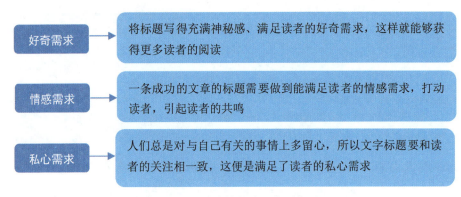

图 2-2　读者的阅读需求（续）

2.1.3　谨慎：标题拟写的注意事项

新媒体运营者在拟写文章标题的时候，有三点值得注意的事项，下面为大家详细介绍。

1．标题风格要统一

新媒体内容运营者在给文章取标题的时候，还需要考虑到标题与自己平台整体的风格是否统一、搭调。标题与平台整体风格的统一与否，会影响到读者对新媒体内容运营者经营的平台的整体评价，以及订阅者浏览、阅读文章时的感受。

举个例子，你订阅了一个以传播搞笑视频、话题、笑话为主的整体形象类似于嘻哈风的小青年型的微信公众号，但是当你看见该公众号每天推送的文章标题都是严肃型的，相信大部分订阅者都会产生一种别扭的、自己是不是点错了公众号的感觉，时间一长可能就忘记该公众号的存在，或者立刻就取消关注了。

2．标题字数有要求

在自媒体平台不断发展的情况下，标题的字数也越来越多，然而，对于各大新媒体平台的文章标题来说，在一个适度范围内的标题字数才能更吸引读者，也就是说，文章的标题字数应该限制在一定的范围内。

就人们的阅读习惯和平台的运行方式来说，假如软文的标题超过三行，在大多情况下，读者是不会去点击阅读的。

在智能手机品类多样的情况下，不同型号的手机显示的软文标题字数也是不一样的。一些图文信息在自己手机里看着是一行，但在其他型号的手机里可能就是两行了,在这种情况下,标题中的有些关键信息就有可能隐藏起来,不利于读者了解软文的描述重点和对象。因此,在制作标题的时候,应该保持文章标题的字数无论在什么样的手机上显示的都是一行。

因此,在制作标题内容时,在重点内容和关键词的选择上要有所取舍,把最主要的内容呈现出来即可。

3．标题要凸显主题

俗话说:"题好一半文。"它的意思就是说,一个好的标题就等于一半的文章内容。一条好的标题衡量的方法有很多,而标题是否体现文章主旨就是这些衡量标题好坏的一个主要参考依据。

如果一个标题不能够做到在阅读者看见它的第一眼就明白它想要表达的内容,由此得出该文章是否具有继续阅读下去的价值,那么阅读者在很大程度上就会放弃阅读这一篇文章。这一点对于爆文标题来说更加需要注意。文章标题是否体现文章主旨将会造成的结果,具体分析如图2-3所示。

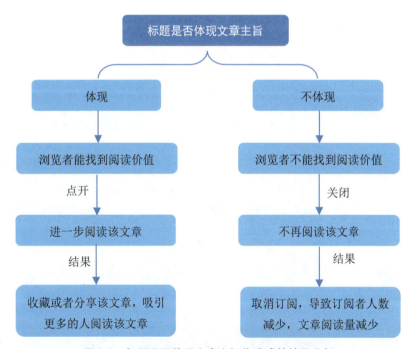

图2-3 标题是否体现文章主旨将造成的结果分析

经过分析,大家可以直观地看出,文章标题是否体现文章主旨,会给新媒体内容运营者的文章带来巨大的差异,会影响新媒体内容运营者的运营效果。所以,新媒体内容新运营者如果想要让自己的文章成为爆文，在取文章标题的时候一定要多注意标题是否体现文章主旨。

2.2 内容雕琢：文章正文的写作技巧

在营销写作和布局过程中，新媒体平台运营者要想让内容能够决胜千里，吸引众多的粉丝，就需要掌握一些表现技巧。下面为大家介绍一些能让新媒体营销内容决胜的表现技巧。

2.2.1 多样：6种优质爆文表达形式

如今是一个内容创业爆棚的时代，很多人通过将自己产生的内容出售给投资方，从而获得营销收益。因此，对于新媒体运营者来说，需要记住的是，优质内容是打造爆款的关键，下面将介绍新媒体内容的6种表达形式，如图2-4所示。

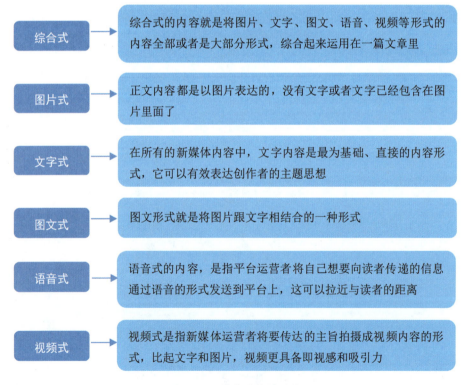

图2-4 6种内容表达形式

2.2.2 细心：4 项正文创作注意事项

新媒体运营者在进行文章正文创作的时候，需要注意哪些事项呢？接下来为大家介绍正文内容创作前需注意的几个事项。

1. 提前设置内容预告

对于好的内容，新媒体运营者一定要提前对内容进行预告，这就像每部电影前的宣传手段一样，通过提前预告的方式让用户对内容有一定的期待，这是非常有效的一种推广运营方式。

接下来为大家介绍内容提前预告的两个注意事项，如图 2-5 所示。

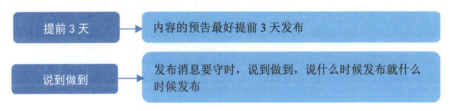

图 2-5　内容提前预告的注意事项

2. 全面收集内容资源

新媒体运营者在编辑平台文章时，需要学会多方位地去收集平台内容资源。因此，运营者需要清楚收集内容资源有哪些渠道，弄清楚这个，运营者就能够清楚向哪些人群收集平台的内容。

- 粉丝：新媒体运营者可以通过粉丝用户来搜集平台的内容，也就是说由用户为新媒体运营者提供素材和内容。
- 运营团队：新媒体运营平台如微信，微信最重要的来源是微信运营者本人或者微信运营者背后的公司团体。
- 专家、名人：如果新媒体运营者暂时没有原创内容或者粉丝提供的素材内容，可以找一些专家或者名人提供内容，不过找专家或者名人提供素材通常要支付一定的稿酬。
- 相关的素材网站：一些跟新媒体平台相关的网站也是新媒体运营者收集内容资源的一个非常不错的选择。例如微媒体排行榜、微素材、微口网、爱微帮、微榜等媒体网站。

3．仔细预览推文内容

不管公众号内容运营者打算将文章发送到哪个平台上，都必须对文章进行预览，预览能够起到如图 2-6 所示的作用。

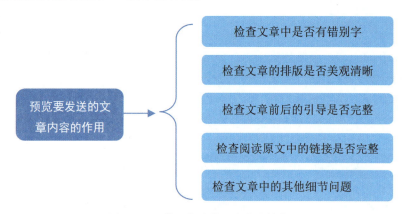

图 2-6　预览要发送的文章内容的作用

4．严格把控推送时间

新媒体运营者在创作爆文的时候，还需要选择最佳的时间推送文章。在什么时候发送文章比较合适？哪个时间点推送文章，文章的阅读率会最高？这些都会影响文章是否能够成为爆文。因此，选择合适的发送时间对于新媒体运营者来说是非常重要的。

那么推送的具体时间怎么定呢？接下来总结出了几段最适合推送信息的时间段，具体如图 2-7 所示。

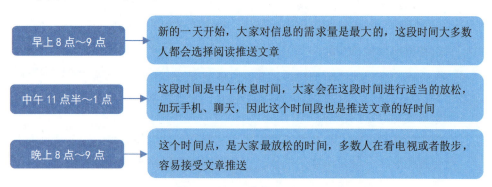

图 2-7　最适合新媒体运营者推送信息的时间段

2.2.3 创作：8类文章正文写作类型

一篇文章要想成为爆文，那么运营者就需要掌握一些文章正文创作类型。根据文章素材和文章作者写作思路的不同，文章正文的形式也有不同。接下来将为大家介绍8类常见爆文正文的写作类型，如图2-8所示。

图2-8　8类正文写作类型

2.2.4 精髓：8大技巧表现爆文内容

在文章写作和布局过程中，新媒体运营者要想让文章内容决胜千里，吸引众多的读者，就需要掌握一些表现技巧。接下来将为大家介绍一些让文章内容决胜的表现技巧，如图2-9所示。

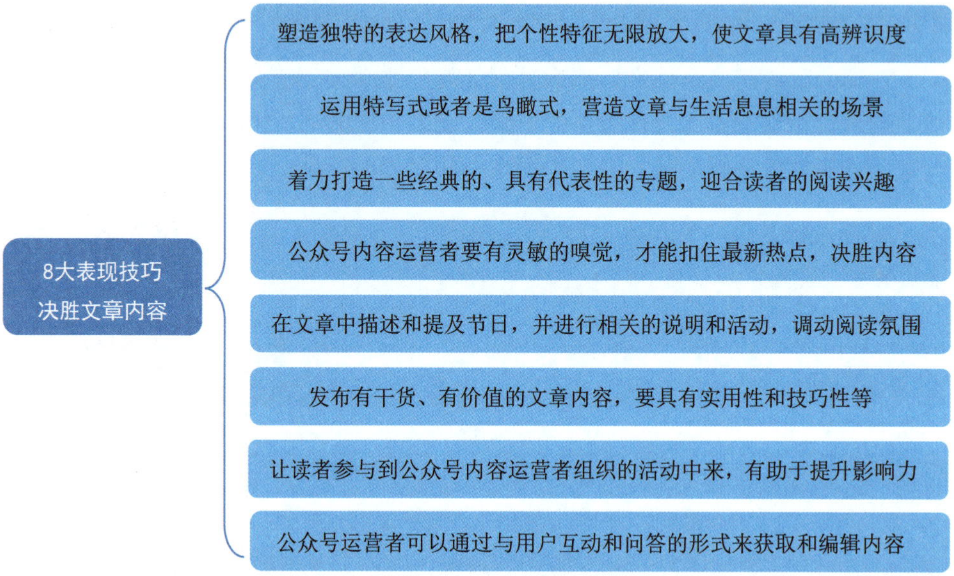

```
                    ┌─ 塑造独特的表达风格，把个性特征无限放大，使文章具有高辨识度
                    │
                    ├─ 运用特写式或者是鸟瞰式，营造文章与生活息息相关的场景
                    │
                    ├─ 着力打造一些经典的、具有代表性的专题，迎合读者的阅读兴趣
                    │
  8大表现技巧 ──────┼─ 公众号内容运营者要有灵敏的嗅觉，才能扣住最新热点，决胜内容
  决胜文章内容       │
                    ├─ 在文章中描述和提及节日，并进行相关的说明和活动，调动阅读氛围
                    │
                    ├─ 发布有干货、有价值的文章内容，要具有实用性和技巧性等
                    │
                    ├─ 让读者参与到公众号内容运营者组织的活动中来，有助于提升影响力
                    │
                    └─ 公众号运营者可以通过与用户互动和问答的形式来获取和编辑内容
```

图 2-9　8 大表现技巧

2.3　图片编辑：精美配图的吸睛技巧

要想提高文章和网页的点击率，增加平台的关注度与曝光度，新媒体运营者就必须让用户对其提供的信息眼前一亮。要做到这一点，图片的选择和设计尤为重要。

2.3.1　基础：优质好图应具备的 3 大特征

新媒体用户在搜索关键词之后，跳转的页面中会出现一系列文章的封面图片，而图片质量的高低直接影响到新媒体平台的相关推送的阅读量与点击率。如果封面图片制作切合推送的主题，符合用户的审美标准，那么就能激发用户的好奇心，从而提高文章的阅读量。

下面以图解的形式介绍优质好图的基本特征，如图 2-10 所示。

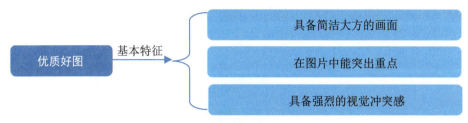

图 2-10 优质好图的基本特征

一张优质的图片能对新媒体用户产生强烈的视觉冲击感，在一定程度上节约了平台推广的成本支出。对于新媒体平台的运营者来说，好的封面是会让用户眼前一亮，向用户传递产品重要信息，从而能引发用户阅读兴趣的。

2.3.2 必备：超高颜品应具有的 8 大要素

图片素材是指没有经过任何艺术加工、零散而没有系统分类的图片。图片素材选择是否合理是打造亮眼的视觉效果的基础。运营者只有对符合产品主题并且质量较高的图片素材进行适当的艺术加工，才能真正地为产品页面增添色彩。一般说来，好的图片通常包括以下 8 个方面的基础要素。

1. 拥有高的清晰度

高清的图片是获得平台用户良好第一印象的法宝，它体现了商品价值的高低，直接影响着用户的价值判断。

2. 合适的颜色搭配

好的图片素材除了拥有较高的清晰度外，还应具备的一个特点便是图片背景应该比较有序或者干净，而不是杂乱无章，不然就会给读者造成一种品牌感不强的印象。

图片的颜色搭配合适能够带给读者一种顺眼、耐看的感觉，对新媒体平台而言，一张图片颜色搭配要合适，需要做到以下两个方面，一方面是选择的图片要亮丽夺目，另一方面是选择图片的颜色搭配要与文章的内容相符。

其中，选择的图片素材是否亮丽夺目是吸引读者关注的主要因素，舒适美观的视觉配色有利于提高图片的亮点与辨识度。因此，在没有特殊情况下，图片要尽量选择色彩明亮的，因为这样的图片能给平台带来更多的点击量。下面以图解的形式介绍选择亮眼图片提高点击量的具体原因，如图 2-11 所示。

很多读者在阅读文章的时候希望能有一个轻松、愉快的氛围，不愿在压抑的环境下阅读，而色彩明亮的图片因不会带给读者一种压抑、沉闷的感觉，恰好能带来舒适轻松的阅读氛围。

图 2-11　选择亮眼图片提高点击量的原因

当然，图片除了亮丽夺目外，在颜色选择上还有一个与内容是否符合的因素存在，这也是在图片的细节处理中需要注意的问题，在新媒体平台上的各种图片处理也是如此。如果推送的内容是比较悲沉、严谨的，那就应该选择与内容相适应的颜色的图片——不可使用太过活跃的颜色，否则会使得整体感觉不搭。

3．视觉光线要充足

一般而言，视觉光线较好的图片素材相较于光线昏暗的图片素材而言，会更容易给用户好的视觉享受。如果在进行视觉设计时没有把握好视觉光线，一方面容易导致呈现的图片无法达到预期的视觉效果；另一方面这样的视觉图片也不足以引起读者的阅读兴趣。

4．科学的视觉角度

要打造好的视觉效果，需要新媒体运营者在进行视觉设计时选择具有科学合理的视觉角度的图片素材，从而为文章增添亮点，提高文章的可读性。下面以图解的形式介绍选择视觉展示角度合理的图片素材的好处，如图 2-12 所示。

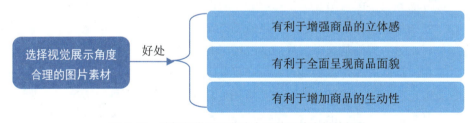

图 2-12　选择视觉展示角度合理的图片素材的好处

5. 富有创意的设计

清晰度再高、视觉光线再充足或是展示角度再准确立体，如果所采用的图片素材千篇一律，缺乏创新点，那么对用户的吸引力也是有限的。要保持对新媒体用户长久的吸引力，需要运营者在视觉设计上富有创意，持续保持用户对新媒体平台的新鲜感。独具匠心的图片往往能够激发用户的好奇心理，带给用户最佳的视觉享受，从而增加产品的好感度，扩大其影响。

值得注意的是，选择视觉角度合理的图片素材，不仅是新媒体平台运营者营造最佳视觉效果的前提条件，也是激发用户好奇心、引起用户关注最重要的影响因素。试想，如果用户无法从接收的图片中寻找到商品的亮点与独特性，长此以往，也会大大降低用户对平台的信任度与品牌的认知度。

6. 图片的美妆效果

企业、个人在进行新媒体平台运营时是离不开图片的，图片是让平台内容变得生动的一个重要武器，会影响读者的点击阅读量。因此，在使用图片给新媒体平台增色的时候，也可以通过一些方法给图片"化妆"，让图片更加有特色，以提高视觉精美度，从而吸引到更多的读者。

给图片"化妆"可以让原本单调的图片，通过多种方式变得更加鲜活起来。运营者要给图片"化妆"可以通过以下两个方法着手进行。

(1) 图片拍摄时"化妆"。新媒体平台使用的照片来源是多样的，有的是企业或者个人自己拍摄的，有的是从专业的摄影师或者其他地方购买的，还有的是从其他渠道免费得到的。对于自己拍摄图片的新媒体平台运营者来说，只要在拍摄图片时，注意好拍照技巧的运用，以及拍摄场地布局、照片比例布局等，就能达到给图片"化妆"的效果。

(2) 图片后期"化妆"。新媒体平台运营者如果对选择的图片还是觉得不太满意，可以选择通过后期来给图片"化妆"。现在用于图片后期的软件有很多，如强大的PS，众所周知的美图秀秀等，运营者可以根据自己的实际技能水平选择图片后期软件，通过软件让图片变得更加夺人眼球。

7. 图片容量要合适

在选择新媒体平台中推送内容的图片时，除了要选择符合产品主题内容的图片和注重图片的精美度外，还需要选择容量适宜的图片，便于用户的阅读。运营者应尽量将单张图片的容量大小控制在1.5MB到2MB为最佳。然后在这个容量限制的基础上，对选定的图片素材进行编辑。

之所以要选择合适的图片容量，主要是从读者的阅读体验出发的——不想让过大的图片耗费读者大量流量的同时，还要耗费图片加载的时间，从而给读者带来不佳的阅读体验。在此分以下两种情况介绍。

（1）如果平台定位的读者一般习惯晚上八九点阅读文章，而这个时间段人们基本上都是待在家里，读者可以使用 Wi-Fi 进行阅读，不用担心流量耗费，也不用担心图片加载过慢，那么就可以适当地将图片的容量放大一些，给读者提供最清晰的图片，让其拥有最好的阅读体验。

（2）如果平台定位的读者大部分是在早上七八点钟阅读文章，那么使用手机流量上网的可能性就会比较大，这种情况下如果平台推送信息，就需要将图片容量控制在 1.5MB 到 2MB，为读者节省流量的同时，也节省图片加载时间。

8. 图片尺寸要适宜

除了上面提及的几个方面的要素外，新媒体平台运营者还应注重选择合适的图片尺寸，一方面便于图片的顺利上传，另一方面保证整个视觉页面的协调。

图片的尺寸并不仅仅指图片本身的大小（即像素），它还指在文章排版中图片显示的尺寸。图片在排版中的尺寸一般有一个固定范围，不可能做太大的调整，因此，为了保持图片的清晰度，必须保证图片本身的尺寸大小，以提高图片的分辨率，这是实现图片高清显示的最基本保证。

2.3.3 拍摄：精品美图必会的几种构图技巧

在拍摄精品美图的过程中，我们需要掌握几种构图技巧，如分隔构图、直线构图、发散构图等，接下来分别为大家介绍。

1. 分隔构图

产品主图在构图上也需要进行认真的设计，因为不同的构图方法可以打造不同的视觉关注点，从而形成风格各异的产品气氛，给消费者带来视觉享受。

例如，针对服装类产品，运用得比较多的是分隔构图方法。如图 2-13 所示为采用分隔构图法的产品图片。

采用分隔构图法的好处，一是可以全方位展示产品特点，让消费者买得放心，二是可以呈现出产品的不同颜色和款式，从而吸引消费者的注意力。虽然，分隔构图法主要用于服装类商品展示中，但也不排除其他品类的产品也采用这种构图法，如图 2-14 所示。

图 2-13　采用分隔构图法的产品图片 (1)　　图 2-14　采用分隔构图法的产品图片 (2)

这张商品主图运用分隔构图法的主要表现是在画面中将主图分割成多个部分，然后每个部分展示了不同的产品或产品的不同部分，让消费者能够清晰明了地看到产品的特征以及多样性。

2．直线构图

直线构图法是在展示产品的过程中，采用以直线呈现的方式，或在垂直方向上，或在水平方向上，产品连成一条直线。这种构图法能够充分展示产品的种类和颜色，而且使得消费者更容易在视觉效果上对产品进行比较，从而对产品的选择也更加多样化。如图 2-15 所示为运用直线构图法呈现的产品图片。

图 2-15　产品图片的直线构图

3. 发散构图

发散构图法是在展示产品的过程中，产品一端的延长线会集中指向某一点，而另一端按照一定的规则向四周分散开来。发散构图法一般适用于比较细长的商品类型，其构图优势如图2-16所示。

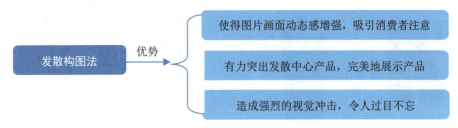

图2-16　发散构图法的优势

如图2-17所示为产品主图的发散构图方式，圆珠笔呈发散式向四周扩散，既能够扩展消费者的目光，又可以聚集视觉焦点。如果想要让消费者注意到商品的品牌，还可以在焦点处放置品牌的标识，以达到宣传推广的作用。

图2-17　商品主图的发散构图法

4. 渐进构图

渐进构图法是对产品有组织、有顺序地进行排列，比如由大到小、由远及近，这样做的优势主要体现在如图2-18所示的几个方面。

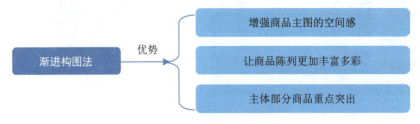

图2-18　渐进构图法的优势

2.3.4 营销：3种简单方法协助便利推广

新媒体平台要引爆读者的眼球，无非就是为了平台推广，获取利益。那么，怎么让图片实现一个推广的效果？下面教大家几种方法。

1. GIF 动图

图片格式的选择是多样的，包括 PNG、JPG、GIF、TIFF 等。

很多新媒体运营者在放图片的时候，都会采用 GIF 动图的形式，这种动起来的图片确实能为平台吸引不少读者。相对于传统的静态图，它的表达能力会更强大，更有动感。静态图片只能定格某一瞬间，而一张动图则可以演示一个动作的整个过程，其效果自然会更好。

> **专家提醒**
>
> 如果想把自己的产品通过文章推广出去，并扩大品牌影响力，可以在文章中加入动图形式，展示产品的全方面特色，以便更加生动地吸引读者和消费者，实现吸粉引流的目标。

2. 长图文

长图文是使得新媒体平台的图片获得更多关注度的一种好方法。长图文将文字与图片融合在一起，借文字描述图片内容的同时，用图片表达意思更生动、形象，二者相辅相成，配合在一起，能够使内容的阅读量达到不可思议的水平。

如图 2-19 所示为微博平台上的长图文案例分享。

图 2-19　长图文案例分享

专家提醒

在制作长图文的过程中，应注重图片素材选择的连贯性，保证推送内容的一致性。另外，要想长图文取得好的视觉效果，除了注重图片选择外，还要注重过渡语言的书写。

3. 图片水印

给图片打个标签也是新媒体运营者需要注意的一个问题，其实就是给新媒体平台的图片加上专属的水印。例如，微信公众号、APP 名称、个人联系方式。

如图 2-20 所示为微信公众号添加"图片水印设置"界面。

图 2-20 "图片水印设置"界面

2.4 图文排版：提高转发率的实用技巧

如果说新媒体运营中的内容是让作者与读者之间产生思想上的碰撞或共鸣的武器，那么作者对运营内容的格式布局就是给读者提供一种视觉上的享受。内容的排版对运营有很重要的作用，它决定了读者是否能够舒适地看完整篇内容，即阅读界面停留时间。

2.4.1 段落：首行缩进

首行缩进的效果是让内容看起来更有段落感，不至于过大篇幅的文字让读者的眼睛看得疲劳和难以思考。有的新媒体平台不适合段落首行缩进，例如，微信公众号平台的推文就不适合传统的首行缩进，因为手机上阅读会更整齐美观，如图 2-21 所示。

图 2-21 微信公众号推文

根据运营的平台选择段落首行缩进，才是对首行缩进的正确使用，一般建议开发了 APP 的新媒体平台不要有此操作。另外，首行缩进都是空两个字符，没有设置首行缩进的平台使用敲打键盘的方式操作即可。

2.4.2 要点：加粗调色

运用新媒体平台发布内容的时候，要突出自己的主题、重点，可以使用要点加粗调色的方法。下面以新媒体中最具代表性的微信公众平台为例进行分析，具体内容介绍如下。

1. 要点字体加粗

一般的文本编辑中，多有采用要点字体加粗的方法，这样可以使读者快速地抓住内容的主题，如图 2-22 所示。

图 2-22 要点字体加粗的案例分享

这种突出要点的方法操作，可以通过平台上的"加粗设置"来完成。

2．要点字体调色

文章的文字颜色是可以随意设置的，并不只是单调的一个色。从读者的阅读效果角度出发，将文章中的文字颜色设置为符合阅读习惯和兴趣的最佳颜色是非常有必要的。文字的颜色搭配适宜是让文章获得吸引力的一个重要因素，良好的文字颜色搭配不仅能提升读者阅读的舒适感，还能使得文章的整体版式更具特色，而当一篇公众号文章同时满足了这两点时，就很容易成为爆款文章。

运营者在进行字体颜色设置的时候，要以简单、清新为主，尽量不要在一篇文章中使用多种颜色的字体，否则会让版面看起来非常花哨，使得整篇文章缺少一种舒适、整齐的感觉，如图2-23所示为要点字体调色的案例分享。

图2-23　要点字体调色的案例分享

同时，文字的颜色要以清晰可见为主，不能使用亮黄色、荧光绿这类看久了眼睛容易产生不舒适的颜色，尽量以黑色或者灰黑色的颜色为主。

2.4.3　开头：善用分隔线

分隔线是在内容中将两个不同部分内容分隔开来的一条线。虽说它叫分隔线，但是它的形式不仅仅是线条这种形式，它还可以是图片或者其他的分隔符号，用户可以根据自身需要任意选择。

分隔线可以用于内容的开头部分，也可以用于内容中间或结尾部分，起到段落分明的作用。如图2-24所示为微信公众号平台分隔线的使用案例分享。

图 2-24　将分割线用于内容开头的案例分享

借助分割线将文章的内容分开来，这样能给读者提供一种提醒功能，同时也能增加内容排版的舒适感，给读者带去更好的阅读体验。对于新媒体提供的分隔线形式少的问题，运营者可以借助其他的软件来设计更多的分隔线类型。

2.4.4　细节：图文搭配

虽然现在的运营形式有语音、视频等多种样式，但是大多数新媒体的内容还是以图文结合型为主。新媒体运营者在进行图文排版的时候，如果想让版式看起来更舒适，需要做到以下几点。

1. 图片版式、大小一致

在同一内容中，用到的图片与版式要一致，给读者统一、有整体性的感觉。如果运营者在内容的开头用的是圆形图，那么后面的图片同样需要用圆形图，如果是矩形图，后面同样用矩形图。

2. 图文之间要有间距

图文之间要有间距，可以分为以下几种情况进行分析。

（1）图片跟文字间要隔开一段距离，不能太紧凑。如果图片跟文字隔得太紧，会让版面显得很拥挤，带给读者不佳的阅读效果。

（2）图片跟图片之间不要隔得太紧凑，要保持一定的距离。如果两张图片之间没距离，就会给读者是一张图的错觉。尤其是连续在一个地方放多张图片的时候，特别要注意图片之间的距离。有一些新媒体平台在上传多张图片时，不会自动空开图片之间的距离，运营者在发布内容之前要多加检查和注意。

专家提醒

有的文章可能不需要太多的图片进行辅助说明，只是起到丰富形式的作用，那么就只用一到两张图片就好；有的文章则必须有多张图片来解释说明，才能将文章内容传达给读者。这就是为什么要根据文章内容安排图片数量的原因。

2.4.5 间距：内容调整

文字排版中，对文字之间间距的把握很重要，尤其是对于用手机浏览营销内容的用户来说，而适宜的文字间距主要指以下几个方面的距离要适宜，下面以微信公众号为例，为大家进行讲解。

1．字符间距

字符间距指的是横向间的字与字的间距，字符间距宽与窄会影响读者的阅读感觉，也会影响整篇内容篇幅的长短。

微信公众号的后台，没有可以调节字符间距的功能按钮，所以微信运营者如果想要对公众平台上的文字进行字符间距设置的话，可以先在其他的编辑软件上编辑好，然后再复制粘贴到微信公众平台的内容编辑栏中。

文字的字符间距对微信公众平台上内容的排版是有一定影响的，并且会影响到读者的阅读体验，所以微信公众平台的运营者一定要重视对文字间字符间距的排版。

2．行间距

行间距指的是文字行与行之间的距离，行间距的多少决定了每行文字纵向间的距离，行间距的宽窄也会影响到文章内容的篇幅长短。

在微信公众号后台群发功能中的新建图文消息的图文编辑栏中设有行间距排版功能，其提供的可供选择的行间距宽窄有 7 种，如图 2-37 所示。

运营者可以把每一种间距选择都进行设置，比较一下哪种间距排版在视觉体验上效果更好。

3．段间距

文字的段间距指的是段与段之间的距离，段间距的多少同样决定了每行文字间纵向间的距离。

在微信公众号后台群发功能中的新建图文消息的图文编辑栏中的段间距排版功能分为段前距与段后距两种。

微信公众平台运营者可以根据自己平台读者的喜好选择合适的段间距。微信公众平台运营者要弄清楚读者喜好的段间距风格，可以采用给读者提供几种间距版式的内容让读者进行投票选择的方法来得到。

2.4.6　工具：第三方编辑器

微信公众号作为新媒体运营的重要平台，运营者应该为微信公众平台多费一些心思，但平台上所能提供的编辑功能是有限的，只有最简单的内容排版功能，这一情况和事实对使用微信公众平台的商家来说难免太单调了，不能过多吸引读者的眼球。

因此，运营者可以借助一些功能更齐全的第三方编辑器帮助自己设计出更多具有特色的内容版式，来吸引读者的眼球。下面是几种比较常见的第三方内容排版编辑器，如图2-25所示。

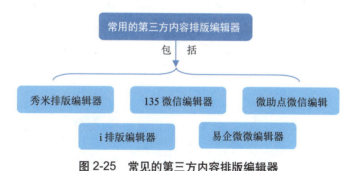

图2-25　常见的第三方内容排版编辑器

2.5　提升人气：关键词设置的必备技巧

对于新媒体运营者来说，没有质量、没有效率的曝光率自然得不到订单。那么，如何让商家的曝光率得到更准确的客户需求信息呢？如果产品的品牌影响力还没有达到深入人心的地步，商家可以从产品关键词的设置上入手，通过合理的关键词设置获得曝光率。

2.5.1 研究：巧用工具设置关键词

《劝学》一文中提道："君子，善假于物也。"当我们要对某个关键字词进行研究的时候，也需要学会巧妙借助百度指数工具，从图上分析关键词的各项指标，诸如"趋势研究""需求图谱""资讯关注"以及"人群画像"等。如此才能使得软文的排名更加靠前，阅读量不断上涨。

百度指数是一个研究关键词的工具，主要以图表的形式显示关键词的搜索量和变化，包括指数探索、数说专题、品牌表现以及我的指数栏目。

虽然百度指数是对百度搜索进行的关键词统计，但在这个移动互联网还没有完全统一时代的情况下，网络用户的网站搜索趋势可以代表移动端搜索的趋势，而百度又是人们已经习惯的搜索网站。因此，我们要多多关注百度指数的关键词动态。

那么，使用百度指数究竟有哪些好处呢？或者说，百度指数作为研究关键词的工具，有何过人之处呢？这里将其主要优势总结为如图2-26所示的3点。

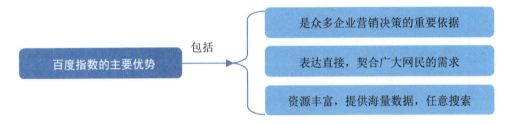

图2-26 百度指数的主要优势

百度指数的功能包罗万象，为用户提供了诸多便利，具体的功能包括如图2-27所示的几点。

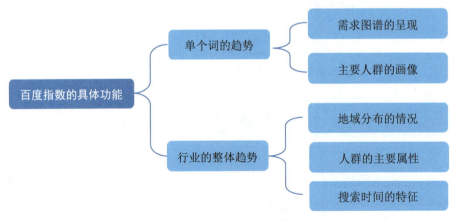

图2-27 百度指数的具体功能

2.5.2 思维：从两个角度考虑关键词

下面从两个角度来考虑分析关键词的设置。

1. 从用户的角度考虑

知己知彼方能百战不殆。首先从用户的思维去思考、去选词，注意积累用户的搜索用语习惯。

(1) 搜索习惯。指用户在搜索引擎中寻找相关信息时所使用的关键字形式，对于不同类型的产品，用户的搜索习惯会存在一定的差别，我们应该优先选择那些符合大部分用户搜索习惯的关键字形式。

一般来说，用户在搜索时使用不同的关键字会得到截然不同的结果，对于同样的内容，如果页面中的关键字表达形式与用户的搜索习惯存在差异，则页面的相关性会大大降低，甚至会被排除在搜索结果之外。因为大部分的用户在寻找 A 页面，而你提供的却是 B 页面。

因此，运营者在进行关键词设置时，可以通过统计用户在寻找同类产品时所使用的关键字形式，分析用户的搜索习惯，不过这样的关键字只适用于同类产品。

(2) 浏览习惯。对于网上的用户而言，上网时除了一些特别需要集中精力去研究、阅读的内容，大多数时间都是在扫描。而且在扫描的过程中往往会无意识地忽略对自己不重要的信息，而把主要精力集中在对自己有用的信息上。在对一个新网站毫无了解的情况下，我们扫描网站的时候除受主观的因素影响之外，还受我们的眼球轨迹影响。

美国长期研究网站可用性的著名网站设计师杰柯柏·尼尔森发表了一项《眼球轨迹的研究》报告。报告称，大多数情况下浏览者都不由自主地以 "F" 形的模式阅读网页，这种基本恒定的阅读习惯决定了网页呈现 "F" 形的关注热度。

a. 水平移动。浏览者首先在网页最上部形成一个水平浏览轨迹。

b. 目光下移。浏览者会将目光向下移，短范围水平移动，扫描比上一步短的区域。

c. 垂直浏览。浏览者完成上两步后，会将目光沿网页左侧垂直扫描；这一步的浏览速度较慢，也较有系统性、条理性。

(3) 阅读习惯。当人们的阅读习惯从传统的纸张转向互联网，又从互联网延伸到移动互联网的过程中，阅读习惯也在发生了变化。互联网为人们提供了海量的信息，但同时导致了人们注意力的分散，在经历若干年的发展之后，用户对于精品内容的需求变得越发强烈。并且随着手机、平板等移动端的普及，电子书籍成为人们阅读的首选。这些习惯都应该被内容推广者熟知，并应用到关键词设置中去。

2. 从对手的角度考虑

在设置内容关键词时，建议推广者深入了解竞争对手的网站，摸清竞争对手网站的关键词及布局情况，这样不仅能找到优化漏洞，还能掌握目前关键词的竞争热度，以便进行人力优化部署，具体有以下几种方法。

(1) 在搜索引擎中搜索与自己产品相关的关键词，重点查看排名在前 10 页的网站都优化了哪些关键词，将它们摘录，然后做对比分析。

(2) 可以到一些目录网站查询与产品相关行业的公司信息，分析这些公司的目录描述，在描述中都出现了哪些关键词，创建 20～50 个竞争者名单。

(3) 可以到 B2B 的网站上寻找客户信息，分析这些客户的产品信息中重点体现了哪些关键词，将这些关键词汇总整理到一张表格中。

2.5.3 预测：两招学会设置关键词

许多关键词都会随着时间的变化而具有不稳定的升降趋势，因此，学会关键词的预测相当重要。这样的话，就能够随时对关键词进行调整，以争取获得更多阅读量，扩大软文的传播范围。

那么，我们要从哪些方面学习关键词的预测呢？接下来将从以下两个角度分析。

1. 关键词有季节性

关键词的季节性波动比较稳定，主要体现在季节和节日两个方面，如服装产品的季节关键词会包含四季名称，即春装、夏装等；节日关键词会包含节日名称，即春节服装、圣诞装等。

季节性的关键词预测是比较容易的，我们还可以从以下方面进行预测，如图 2-28 所示。

图 2-28　预测季节性关键词的方法

2．把握热点关键词

社会热点新闻是人们关注的重点，当社会新闻出现后，会出现一大波新的关键词，搜索量高的关键词就叫热点关键词。

因此，我们不仅要关注社会新闻，还要会预测热点，抢占最有利的时间预测出热点关键词。如此一来才能够得到关注。下面介绍一些预测热点关键词的方法，如图2-29所示。

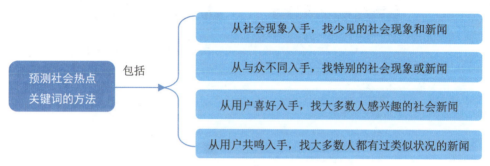

图2-29　预测社会热点关键词的方法

以"手机摄影构图大全"为例，它推送的文章就是根据季节性的关键词进行整理的，如图2-30所示。

"清明以雨为景"，这是应景的氛围，同时还结合公众号的特点——"摄影构图"打造了精致的内容，得到了不少读者的关注和好评。由此可见，关键词的预测对于阅读量的提升是有比较重要的价值的，因此，对关键词进行预测是必不可少的环节。

图2-30　季节性关键词展示

再来看公众号"运营公举小磊磊"推送的"为什么火的是王菊？"一文，如图 2-31 所示，它是以社会热点为关键词的，主要是通过分析讨论当时火热的综艺节目"创造 101"中的黑马艺人王菊来引起读者的共鸣，这样的文章就是根据社会热点关键词撰写出来的。

从评论也可以看出，广大读者对此事多有关注，并纷纷表达了自己对于这一现象的看法。

图 2-31　社会热点关键词展示

2.5.4　吸睛：关键词要引起读者关注

什么样的关键词能够吸引读者呢？生活总是无聊、八卦的，新媒体运营者可以利用八卦新闻、故事、心得来吸引读者的注意。

1．利用八卦新闻

这类内容虽然比较容易吸引广大的网民，但是最近几年来由于使用过度，变得非常庸俗。而且明星的大多数新闻都是负面的，用得不好还会给网站带来不利的影响。所以在使用的时候一定要注意看准方向。

2．故事引导吸引

这种类型的营销内容必须由高手来撰写，不然很容易偏题，过分注重了故事的讲述，反而忽略了内容关键词的诱导，很容易发生走火入魔的现象。

好的故事散文型内容应该紧紧围绕关键字本身来撰写，也就是为了这个关键字特别定做的一个故事。而且，脑海里时时刻刻都要有关键字的概念，任何一句话，或者包袱的铺垫最后都要归结到关键字上。

所以这类内容就如同吸星大法一样，所有的文字最后被吸取，集中体现的就是那么寥寥几个关键字。

3．插入心得体会

心得体会是现代内容创作中最经常使用的类型，也就是通过一些伪体验，或者伪感受作为切入点，主要是利用大家的同感来寻找彼此共同的心灵上的融合点。

比如，作为一个"80后"，现在都已经做爸爸妈妈了，在教育孩子的问题上都有哪些心得体会，随即很自然地引出这些心得体会的来源，顺理成章地插入关键词。让大家先引发共鸣，在共同的体验和感受的前提下再自然地过渡到对应的关键字上。这样的诱导技术我们称作顺理成章型，营销效果非常明显。

第 3 章

自家池塘：微信公众平台运营

学前提示

从聊天到创业赚钱，微信已经融入了人们的生活，个人和企业都可以打造自己的微信公众号，并实现与微信平台的粉丝在文字、图片、语音上的全方位沟通和互动。

本章将揭秘新媒体运营中最具代表性的微信公众平台的营销。

要点展示

▶ 账号设置：微信公众平台快速入门
▶ 后台设置：精通微信公众号后台操作
▶ 客服运营：营造幕后回复的美好氛围
▶ 搜索运营：完善公众号的排名优化

3.1 账号设置：微信公众平台快速入门

在微信公众号后台，如果运营者和管理者对目前的账号设置不满意，可以进入"公众号设置"页面下的"账号详情"页面进行修改。下面介绍能修改的 6 项账号内容，以便让账号信息更完善、更吸睛。

3.1.1 头像：修改后更吸睛

头像是一个非常重要的标志，特别是微信公众号头像，人们搜索公众号时，其结果显示的就是头像与名称。而头像作为以图片形式呈现给用户的账号标志，能带给读者巨大的视觉冲击，可达到文字所不能实现的效果。

那么，如果想更换一个更好、更吸睛的头像，应该怎么设置呢？下面将进行具体介绍。

步骤 01　进入微信公众号平台后台首页，单击"公众号设置"按钮，选择"账号详情"选项，进入"账号详情"页面，单击公众号头像，如图 3-1 所示。

图 3-1 "账号详情"页面

步骤 02　执行操作后，弹出"修改头像"对话框，在"修改头像"页面，显示了头像修改的相关说明。单击"选择图片"按钮进入相应文件夹选择一张图片，然后单击"下一步"按钮，如图 3-2 所示，切换到"确定修改"页面，单击"确定"按钮，如图 3-3 所示，即可完成头像修改。

专家提醒

在选择新的头像时,运营者应该结合账号本身、用户情况和推广需求进行设置,这样才算是成功的头像修改策略,否则做的就是无用功。

图 3-2 "修改头像"页面　　　　图 3-3 "确定修改"页面

3.1.2 账号:易于读者搜索

微信号作为读者搜索和添加的依据是独一无二的,因此,巧妙利用后台的微信号可修改功能,设置一个更易搜索和便于记住的微信号,就显得尤为重要。接下来就针对微信号的修改操作进行讲解,以便帮助更多的运营者找到更好的运营途径。

步骤 01　进入"公众号设置"下的"账号详情"页面,单击"微信号"右侧的"修改"按钮,如图 3-4 所示。

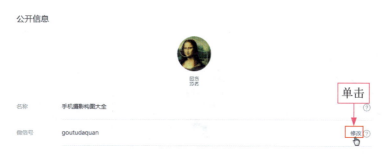

图 3-4　单击"修改"按钮

步骤 02 执行操作后，弹出"修改微信号"对话框，进入"验证身份"页面，使用管理员微信扫描该页面上的二维码进行验证，如图3-5所示，进入"修改微信号"页面。在"新微信号"右侧的文本框中输入修改的微信号，单击"确定"按钮，如图3-6所示。

步骤 03 执行操作后，进入"确定修改"页面，在该页面显示了修改前后的微信号信息及相关提示，如果运营者确定修改，单击"确定"按钮完成操作，如图3-7所示。

图3-5 "验证身份"页面

图3-6 "修改微信号"页面

图 3-7 "确定修改"页面

3.1.3 介绍：提升平台形象

显示在资料页面的"介绍"是用户了解该公众号的入口和关键，假如它能引人入胜、树立一个好的企业和品牌形象，那么用户搜索之后就会选择关注。运营者在已有公众号的情况下，需要设置一个更吸引人的"介绍"，那么应该怎么操作呢？具体方法如下。

步骤 01 进入"公众号设置"下的"账号详情"页面，单击"介绍"右侧的"修改"按钮，如图 3-8 所示。

图 3-8 单击"修改"按钮

步骤 02 执行操作后，弹出"修改功能介绍"对话框，进入"修改功能介绍"页面，在中间的文本框中输入修改的功能介绍内容，单击"下一步"按钮，如图 3-9 所示，进入"确定修改"页面，该页面显示了确认修改功能介绍的内容和提示信息，单击"确定"按钮，如图 3-10 所示，即可完成功能介绍的修改。当内容审核成功，即可使用修改后的功能介绍。

图3-9 "修改功能介绍"页面　　　　图3-10 "确定修改"页面

> **专家提醒**
>
> 运营者还需要确认修改后的内容不含国家相关法律法规禁止的内容,否则将不能成功提交,这在"确定修改"页面上有提示,运营者需要加以注意。

3.1.4　电话:保持联系畅通

在微信公众平台的资料页,有些公众号是没有设置客服电话的,如果平台管理者和运营者出于工作和业务需要对没有设置客服电话的公众号重新进行设置,那么可以按照以下方法进行操作。

 01　进入"公众号设置"下的"账号详情"页面,单击"客服电话"右侧的"设置"按钮,如图3-11所示。

图3-11　单击"设置"按钮

 02　执行操作后,弹出"修改客服电话"对话框,在"客服电话"下方的文本框中输入号码,单击"确定"按钮,如图3-12所示,即可完成客服电话设置。

图 3-12 "修改客服电话"对话框

> **专家提醒**
>
> 关于公众号的账号信息，除了上述内容中介绍的可修改的内容外，其实还有其他内容也是可以进行修改设置的，如主体信息中的"账号迁移"操作、修改登录邮箱等，在此不再详细介绍。

3.1.5 水印：给图片加标签

要想让微信公众号的图片引爆读者的眼球，给图片打个标签也是微信公众运营者需要注意的一个问题。给图片打标签的意思就是给公众号的图片加上专属于该公众号的水印。这一操作也可以在"功能设置"中完成。

进入"功能设置"页面，单击"图片水印"功能右侧的"设置"按钮，如图 3-13 所示。弹出"图片水印设置"对话框，如图 3-14 所示，从图中可以看到，图片水印的设置有"使用微信号""使用名称"和"不添加"3 种形式，在此我们选择"使用名称"选项，单击"确定"按钮，即可为图片添加水印。

图 3-13 单击"设置"按钮

图 3-14 "图片水印设置"对话框

既然我们的目的是要给图片打标签,那我们就可以选择忽视第三种形式,微信公众号运营者可以在第一种和第二种形式中根据自己的想法选择一种设定微信图片水印的形式。

3.1.6 权限:IP 白名单设置

在运营微信公众号的过程中,如果没有开通 IP 白名单,也就不能获取 access_token,自然也就不能调用各接口了。换句话说,开通白名单才能获取调用各接口的 access_token。那么,应该如何设置呢?具体操作如下。

步骤 01 进入"设置"中的"安全中心"页面,单击"IP 白名单"右侧的"去设置"按钮,如图 3-15 所示。

图 3-15 单击"去设置"按钮

步骤 02 执行操作后,弹出"IP 白名单设置"对话框,在文本框中输入 IP 地址,单击"确认修改"按钮,如图 3-16 所示,即可为微信公众号设置 IP 白名单。在进行设置的过程中,可能会有疑惑——IP 地址应该怎么确认?这一问题其实不难解决，细心的运营者会发现，在"IP 白名单设置"对话框中，单击"点击了解"文字链接，即可按照相关步骤进行查看。

图 3-16 "IP 白名单设置"对话框

3.2 后台设置：精通微信公众号后台操作

在微信公众号平台后台，"功能"栏紧接着"首页"栏的下方而出现，其实，它不仅在位置上有着它的优势，在后台管理中也占据了非常重要的地位，无论是线上线下，还是前台后台都与之紧密关联。因而，熟练运用和掌握公众号的功能管理，绝对是后台操作的重点任务。

3.2.1 互动：巧用自动回复

在功能管理中，自动回复的设置包括 3 类，即关键词回复、收到消息回复和被关注回复。说到具体操作，后两类大体是一样的，不同的是设置的回复内容，但比较简单，在此就不再具体介绍，而前一类却有着本质的不同，且比较复杂，下面将进行详细介绍。

所谓"关键词回复"，指的是用户发送的信息中出现了平台设置的完整的关键词，平台就会触发"关键词回复"功能，把预先设置的信息内容发送给对方。如图 3-17 所示为"手机摄影构图大全"公众号的用户输入含有关键词"合作"和"龙飞老师"的"关键词回复"结果显示页面。

图 3-17 "关键词回复"结果显示页面

下面是设置"关键词回复"的具体操作。

步骤 01 进入微信公众号平台后台首页,单击"自动回复"按钮,选择"关键词回复"选项,进入"关键词回复"界面,单击"添加回复"按钮,如图 3-18 所示。执行操作后,即可进入"关键词回复"设置界面。

图 3-18 进入"关键词回复"界面

在"关键词回复"设置界面,完整的设置内容包括 3 项:规则名称、关键词和回复内容,我们需要一一对其进行设置。在此以企业或商家寻求合作的情况为例,介绍关键词回复的内容设置。

步骤 02 在"规则名称"一项中,填写简单的能说明具体事由的词或词组,不可超过 60 字,在此输入"赠送电子书"一词,如图 3-19 所示。

图 3-19 "规则名称"设置

步骤 03 在"关键词"一项中，首先选择"半匹配"匹配项，然后输入用户发送信息中一定会出现的关键词"老师"，假如要设置的关键词是两个或两个以上，就需要单击右侧的"添加"按钮+，如图 3-20 所示，在新出现的"关键词"设置区域输入相应内容。如果编辑完成后又觉得多余，可以移动鼠标指针至设置的关键词区域，会出现"删除"按钮-，单击即可完成删除操作，如图 3-21 所示。

图 3-20 "关键词"设置

图 3-21 "关键词"设置

步骤 04 在"回复内容"一项中，把鼠标指针移到"回复内容"右侧的"添加"按钮+上，就会出现可以添加的 5 种内容形式，选择"文字"选项，如图 3-22 所示，弹出"添加回复文字"对话框，输入回复内容，单击"确定"按钮，如图 3-23 所示。

图 3-22 选择"文字"选项

图 3-23 "添加回复文字"对话框

步骤 05 执行操作后,即可在"关键词回复"设置页面,显示回复内容,如图 3-24 所示。当将鼠标指标移至回复内容上时,在回复内容的右侧还有"编辑"和"删除"两个图形标识,单击它们,可分别对回复内容执行相应操作。

图 3-24 显示回复内容

步骤 06 设置完"关键词回复"的具体内容后,接下来就要为这些内容选择一种合适的回复方式,在此勾选"随机回复一条"单选按钮,单击"保存"按钮即可完成新建"关键词回复"设置的全部操作,如图 3-25 所示。

图 3-25 选择回复方式并保存设置

3.2.2 分类:自定义菜单

如果企业或者个人要进行微信公众平台运营,那么,了解一些公众号栏目设置相关的知识是非常有必要的。而自定义菜单管理是公众号进行栏目设置的一个重要方面，是微信订阅者在点开或者关注某一个微信公众号之后，最先出现在页面最下方的几个栏目。如图3-26所示为"手机摄影构图大全"微信公众号设置的自定义菜单栏目。

图3-26 "手机摄影构图大全"公众号设置的自定义菜单栏目展示

> **专家提醒**
>
> 微信公众号的自定义菜单栏是可以由微信公众平台的运营者自己设置的，因而并不是所有公众号都有菜单栏。且微信公众平台规定，一个公众号可以添加3个一级菜单，而一个菜单下最多可以添加5个子菜单。

接下来开始介绍设置"自定义菜单"的操作流程，具体内容如下。

步骤 01 登录进入微信公众号平台后台首页，单击功能栏中的"自定义菜单"按钮，进入"自定义菜单"界面，单击界面下方的"菜单名称"按钮，如图3-27所示。在这里已出现了一级菜单，只要在页面中的"菜单名称"栏中输入自己想要设置的名称即可，如图3-28所示。

图 3-27 进入"自定义菜单"界面

图 3-28 完成一级菜单名称设置

> **专家提醒**
>
> 企业和个人在输入名称之前,要先规划好每个一级菜单栏的作用,这样取名字时会比较方便。

一级菜单名称设置成功之后,运营者需要进行菜单内容设置。在菜单内容设置中,有"发送消息"和"跳转网页"两个选项,商家可以根据自己的需求进行选择。

步骤 02 单击"构图大师"菜单,选择"发送消息"选项,进入相应页面。如果选择发送图文信息,那么单击"图文信息"按钮。单击"从素材库中选择"按钮(还可单击"自建图文"按钮或"分享图文"按钮),如图 3-29 所示。弹出"选择素材"对话框,选择需要的图文信息并单击,然后单击"确定"按钮,即可完成菜单内容的设置,如图 3-30 所示。

步骤 03 单击"摄影图书"菜单,选中"跳转网页"单选按钮,进入相应页面,在"页面网址"右侧的文本框中,输入跳转的网址即可完成设置,如图 3-31 所示。

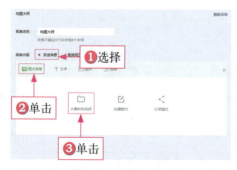
图 3-29 单击"从素材库中选择"按钮

专家提醒

设置"跳转网页"选项还有一种方法：单击"从公众号图文信息中选择"链接，在弹出的"选择图文信息页面"对话框中选择需要跳转的网页，单击"确定"即可。

图 3-30 "发送信息"选项设置

图 3-31 "跳转网页"选项设置

接下来，向广大读者介绍添加子菜单的相关操作。

专家提醒

需要注意的是，在设置完一级菜单之后，如果需要在一级菜单下添加子菜单的话，一级菜单中的内容设置就将会被清除。

步骤 04　在一级菜单操作的页面中，单击"直播教程"一级菜单上的"+"按钮添加子菜单，就会成功添加一个显示"子菜单名称"文本的子菜单，在右侧的"子菜单名称"栏中输入子菜单的名称，左下方的子菜单栏中就会显示对应的子菜单名称，如图 3-32 所示。

至于子菜单的内容，可参考步骤 02 或步骤 03 操作即可完成。如果要添加多个子菜单，也可按照步骤 04 的方法进行操作，然后再设置子菜单的内容即可。

图 3-32　添加子菜单及其名称设置

3.2.3　反馈：管理用户留言

对于微信公众号而言，如果用户想要与平台沟通，那么可以在平台留言，而运营者可以通过微信公众平台后台对这些留言进行管理。下面介绍"留言管理"功能的具体操作方法。

步骤 01　登录并进入微信公众号平台后台首页，单击功能栏中的"留言管理"按钮，进入相应界面，移动鼠标指标至一条留言的右侧，可以看到在留言的右侧出现了 4 个图标，分别表示"精选""置顶""回复"和"删除留言"，单击相应图标即可执行相应操作。单击"精选"按钮，如图 3-33 所示。

图 3-33　设置"留言精选"

步骤 02 执行操作后,即可将该留言精选。成功设置网友留言精选之后,在留言右侧的"操作"栏的下方,就有一个 ⭐ 图标,如图 3-34 所示,表示留言已精选。当然,如果不小心点错了或者是要把已加入精选的留言撤销,单击 ⭐ 图标即可撤销精选。

图 3-34 显示精选图标

除了可以"精选"留言外,还可以将留言置顶或删除。另外,用户想要查看留言,有时会觉得太多、太繁杂,可以通过该界面留言上方的 3 个选项来进行筛选,如图 3-35 所示,还可通过右上角的搜索框进行搜索。

图 3-35 筛选精选留言

专家提醒

上面介绍的是电脑端的微信公众号留言管理,其实,通过手机移动端可以更方便快捷地管理留言。

3.2.4 活动:系统化投票管理

在微信公众平台上展开一场有意义的投票活动,不仅可以吸引平台用户参加,增加双方互动,提升用户活跃度,而且有些投票活动可以吸引更多的用户关注公众号,实现快速引流的目标。

在微信公众平台后台,运营者可以新建投票和对已有的已截止的投票进行查看"详情"和"删除"操作。在此将为大家具体介绍"新建投票"的操作方法。

步骤 01 登录进入微信公众号平台后台首页，单击功能栏中的"投票管理"按钮，进入相应界面，单击"新建投票"按钮，如图3-36所示。

图3-36 单击"新建投票"按钮

步骤 02 执行操作后，进入"投票管理/新建投票"页面，设置投票信息，首先在该页面设置"投票名称"，还有投票的"截止时间"，然后在下方的"问题"区域，设置其"标题"和设置"选择方式"，最后再设置各个选项，如图3-37所示。

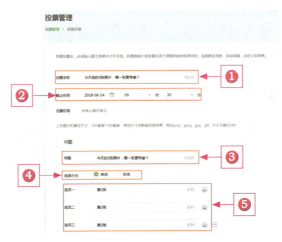

图3-37 设置"新建投票"信息

专家提醒

在"投票管理/新建投票"页面，默认的"问题"只有一个，问题的"选项"只有3个，如果运营者有多个问题或更多的选项，可以自行添加。

步骤 03 设置完成后,可以单击"预览"按钮扫描二维码预览新建投票。确认无误后,单击"保存并发布"按钮,弹出"发布投票"对话框,显示"发布投票后投票将不可编辑,是否发布?"提示,运营者如果确认发布,单击"发布"按钮,如图 3-38 所示,即可发布新建的投票。

图 3-38 "发布投票"对话框

步骤 04 执行操作后,返回"投票管理"页面,在该页面会显示新建的投票信息,如图 3-39 所示。

图 3-39 新建投票的效果展示

3.2.5 规划:页面模板更清晰

通过微信公众平台的"页面模板"功能,运营者可以在顺利导入控件和素材之后,复制链接到自定义菜单上对外发布。可见,通过页面模板的添加和设置,可以让用户更加快速地找到需要的信息,更加系统地阅读推送的图文内容。

在微信公众号后台，运营者不仅可以添加模板，还可以对已添加的模板进行编辑和修改。本节以添加模板为例，介绍具体的操作方法。

步骤 01　登录并进入微信公众号平台后台首页，单击功能栏中的"页面模板"按钮，进入相应界面，单击"添加模板"按钮，如图3-40所示。

图3-40　单击"添加模板"按钮

步骤 02　进入"选择模板"页面，有"列表模板"和"封面模板"，单击"选择"按钮选择封面模板，如图3-41所示。执行操作后，进入"页面模板/编辑页面"页面，在其中可以设置上方的封面文章、下方分栏及文章等内容。首先，设置封面文章，单击右侧的"添加"按钮，如图3-42所示。

图3-41　选择模板　　　　　　　图3-42　单击"添加"按钮

步骤 03　执行操作后，弹出"从素材管理中选择"对话框，在"已发送"页面，选择相应的文章（最多可选择3篇文章），单击"确定"按钮，如图3-43所示，即可为封面添加文章。如果运营者对目前的封面文章排序有调整，返回"页面模板/编辑页面"页面后，可单击"添加"按钮右侧的"排序"按钮，然后拖动文章标签即可调整顺序，调整好后单击"保存"按钮即可完成排序操作，如图3-44所示。

图 3-43 选择封面文章

图 3-44 对封面文章进行排序

步骤 04 单击标题下方的"编辑"按钮，按照上述同样的方法，可对下方的分类名、标题进行设置，添加完成后，单击下方的"发布"按钮，即可完成页面模板的发布，如图 3-45 所示。

图 3-45 完成模板设置并发布

专家提醒

上面曾提及，封面文章最多可添加3篇，而分类名的文章最多可添加30篇。另外，要注意的是，默认的"分类名"有两个，运营者想要创建更多的分类，可在编辑分类名和添加文章时单击右侧的"添加"按钮即可。

在"页面模板"页面，单击"复制链接"按钮，即可复制模板的链接，该链接可用于自定义菜单模块。

3.2.6 原创：转载情况说明

在微信公众平台上，如果推送的是自己的原创文章，那么运营者应该在文章中声明原创，以便保护自身权益。那么，这一功能具体该怎么运用和操作呢？本小节将通过一步步详解展示给读者。

步骤 01 进入微信公众号平台后台首页，单击功能栏中的"原创声明功能"按钮，进入相应界面，在"原创文章"页面，有"原创文章管理"和"长期转载账号管理"两个选项，在此，选择"原创文章管理"选项进入相应页面，在页面右侧的"操作"栏下方，可通过单击"分享与转载详情"按钮查看相关情况，在此单击"可转载账号"按钮，如图3-46所示。

图3-46 单击"可转载账号"按钮

步骤 02　执行操作后,进入相应文章的"转载账号管理"页面,如图 3-47 所示,该页面有"单篇可转载账号"和"长期可转载账号"两项,其中,单击"长期可转载账号"右侧的"管理"按钮,与选择"原创文章"页面的"长期转载账号管理"选项后进入的页面相同。在此,单击"单篇可转载账号"右侧的"添加"按钮。

图 3-47　单击"添加"按钮

步骤 03　弹出"添加转载账号"对话框,在"填写公众号"页面,在右侧勾选公众号,单击"下一步"按钮,如图 3-48 所示。当然,如果页面右侧没有要转载的公众号,也可在左侧的搜索框中搜索并选择。

步骤 04　执行操作后,进入"该账号权限"页面,显示了"可修改文章"和"可不显示转载来源"两项权限,勾选"可修改文章"单选按钮,然后单击"确定"按钮,如图 3-49 所示。

图 3-48　选择可转载的公众号　　　　图 3-49　选择转载权限

步骤 05 执行操作后,返回文章的"转载账号管理"页面,显示了添加的可转载账号,如图 3-50 所示。

如果运营者想取消该账号的转载权限,可单击上图中的"移出"按钮,在弹出的页面中单击"移出"按钮,如图 3-51 所示。

图 3-50　显示可转载账号

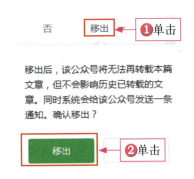

图 3-51　移出可转载账号

3.3　客服运营:营造幕后回复的美好氛围

在企业的运营过程中,让用户感到满意的客服服务也是必不可缺的,比如微信公众号的粉丝互动、淘宝的卖家与买家的沟通交流,这些都是客服运营的典型案例。要想得到用户长久的支持,客服运营是万万不能忽视的。

3.3.1　回复:积极运用语言的魅力

发表的文章有人看,自然也会有人评论留言,而且每个人思考问题的角度都不一样,对于同一问题的看法和立场也不尽相同。

运营者就是要去回复这些有自己的看法和立场的网友文章评论留言,其实回复留言的过程也就是与网友互动交流的过程。虽然回复留言比不上彻夜长谈那种详细地交流,但是最起码能够知道会去评论留言的那些人还是对微信公众号很感兴趣的,并且有的时候还能提出一些有建树性的意见。

留言功能开启之后,来看看如何巧妙回复网友文章评论留言。其实巧妙回复网友文章评论留言,也是一种宣传推广的方式,通过与网友之间回复留言的互动,也可以顺便帮自己的微信公众号进行宣传推广。

比如说有网友评论留言说你的哪些东西做得好或者写得好，运营者应该要肯定网友，回复一些赞美支持鼓励的语言，如图 3-52、图 3-53 所示为"手机摄影构图大全"微信公众号运营者回复网友评论留言的例子。

《探路者》，构图上我补充下，这是一张高调的、浅景深及S曲线构图形式，视觉焦点是这只蚂蚁。大家都知道蚂蚁是勤劳的象征，我之所以要以"探路者"命名，是为了能够充分体现蚂蚁的那种不畏艰险、勇于探索的精神。隐喻：我们要敢于突破自我、不断创新才能有所发展！构图君您是如何认为的呢？

2018-06-09 18:30:09

图 3-52 "回复评论留言"例子 (1)

注：本命名《求索》，取"路漫漫其修远兮，吾将上下而求索"之意，一张叶子，对人而言，不足为道，但在孤独的蚂蚁眼里，却是漫漫长路，而此时的蚂蚁自上而下，则之前自下而上已不言而喻，所以，吾将上下而求索，自然天成。

2018-06-10 17:20:51

图 3-53 "回复评论留言"例子 (2)

专家提醒

运营者在回复网友评论留言的时候要根据不同的留言回复不一样的内容，而且语言风格方面尽量活泼风趣一点。

3.3.2 实时：移动端管理留言回复

一些关注新媒体平台的用户应该会在各个账号之间相互切换，寻找自己想看的信息并发表自己的看法及意见。因此，运营者需要及时管理用户的评论留言，但运营者不可能一刻不离地守在电脑旁边，因此用手机来管理后台的评论留言成为了客服运营的有效方式。那么，究竟要怎么操作呢？

步骤 01 （以微信公众平台为例）登录微信 APP，然后用手机登录微信公众平台，进入相应页面，如图 3-54 所示，点击"留言"按钮，进入相应页面，运营者会看到最近发布的文章上面总计显示的用户评论留言数量，如图 3-55 所示。

图 3-54　手机移动端页面　　　　图 3-55　"留言管理"页面

步骤 02 点击用户的评论留言，进入相应页面，点击相应的留言内容，即会出现回复文本框，在文本框中输入回复的内容即可回复留言，如图 3-56 所示。点击"仅看精选 33 条"按钮，就只看得到文章的精选留言了，如图 3-57 所示。

图 3-56　留言回复　　　　图 3-57　仅看精选留言

3.3.3 关注：第一次回复要有新意

现在很多后台消息回复也开始变得活跃起来了，不再那么中规中矩地只是回复欢迎关注"×××"了，因为很多消息回复都很类似，用户关注得太多，收到的类似消息也很多，容易产生疲劳感。

- 后台回复的消息不宜太长，最好言简意赅，否则用户可能会看不下去，不管运营者是要宣传，还是要推广，都应该先从用户的角度出发去看待相关问题。
- 后台回复消息也不能太短了，因为你要宣传推广你自己的账号，太短了可能并不能很好地向用户讲清楚自己的账号到底是做什么的，里面到底包含哪些内容。
- 后台消息要富有新意，不能一股脑儿地把关于自身平台账号的信息都"吐"出来和要求他们必须关注，否则会让用户感到厌烦，不能达到宣传推广的效果。

这里以"手机摄影构图大全"微信公众号设置的被添加自动回复为例，给大家看看要怎么利用后台消息来达到宣传推广的目的。如图 3-58 所示为"手机摄影构图大全"被添加自动回复消息编辑页面。编辑并保存后，新用户关注这一微信公众号，就会收到被添加自动回复消息。

图 3-58 "手机摄影构图大全"被添加自动回复消息编辑页面

消息上面很详细地介绍了"手机摄影构图大全"微信公众号可以为用户提供 1000 多种构图技巧和知识技巧，并为回复的朋友赠送 15 本价值 500 元以上的摄影技巧电子书，如果新用户感兴趣，就会点进去看。

如果新用户觉得这些文章对自己有实用价值还会推荐分享给身边的人，这样既提高了文章的点击量，又宣传推广了自己的微信公众号。

3.4 搜索运营：完善公众号的排名优化

微信公众号是微信中搜索概率最大的流量入口之一，还是一个重要的分享和引流入口，因为有了分享的入口和粉丝入口，公众号的搜索入口才会更大。因此，运营者要做好公众号的排名优化工作。

3.4.1 抢占：微信公众号搜索入口

微信公众号搜索入口是人们最常用到的一个微信平台中的搜索入口，如果人们有想要查找的目标公众号，并且知道名称，一般都会通过微信公众号搜索入口查找进入。想要通过微信公众号搜索入口查找公众号，微信用户首先需要进入"通讯录"界面，点击右上角的🔍按钮，如图3-59所示。然后进入搜索界面，在这里微信用户可以查找已关注的公众号，不必输入全称，也可以通过模糊匹配找到要查找的微信公众号，如图3-60所示。

图3-59 "通讯录"界面

图3-60 搜索已关注公众号

而微信用户如果想要搜索查找没有关注过的微信公众号时，需要点击"通讯录"界面的"公众号"按钮，如图3-61所示。进入公众号界面后点击右上角的➕按钮便可通过名称搜索未关注公众号，如图3-62所示。

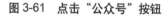

图 3-61　点击"公众号"按钮　　　　图 3-62　点击"+"按钮

在搜索界面，微信用户既可以通过详细名称来搜索目标公众号，如图 3-63 所示。也可以通过某些关键词来模糊匹配搜索某一类型的公众号，如图 3-64 所示。

图 3-63　完整名称搜索　　　　图 3-64　模糊匹配搜索

3.4.2　技巧：取名优化解决重点问题

前面的"账号：修改后易搜索"中已经讲到公众号取名的方法，因此，这里以公众号搜索关键词为入口，分析介绍公众号名称如何能提高排名和公众号文章标题如何能更吸引粉丝。

1. 公众号名称如何取

用户搜索公众号，主要是直接使用关键词的搜索，因此，公众号的名称要在直观上给用户一种能够满足其需求的感受。那么，运营者要如何取一个在直观感受上就能够吸引用户眼球的名称呢？

下面从体现领域特征、满足用户需求和恰当的组合这三个方面以图解的形式分析介绍，如图 3-65 所示。

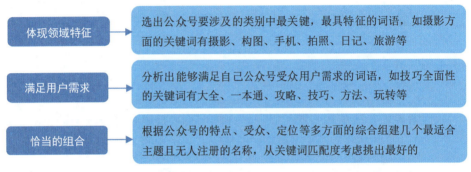

图 3-65　分析如何取公众号名称

2. 公众号文章标题如何取

公众号文章要想吸引到读者，标题最重要，由于用户搜索是直接用关键词搜索，可见标题中最重要的是关键词。

下面从标题的关键词热度、关键词次数和关键词主题这三个方面以图解的形式分析介绍，如图 3-66 所示。

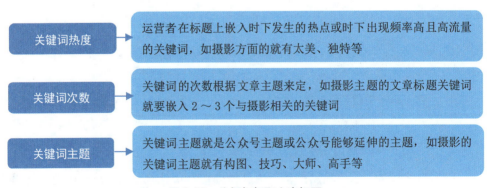

图 3-66　分析如何取文章标题

专家提醒

运营者要学会举一反三,将取名的方法熟练运用。如果运营者公众号文章的标题取好了,在其他平台上发表公众号文章时,可以采用已有的文章标题。

3.4.3 引导:与粉丝共享品牌形象的建设

品牌运营者在销售产品时总是强调要建立品牌形象,扩大品牌影响力,而大多数普通运营者则只强调要建立品牌形象,可见,建立品牌形象对运营者销售的重要性,一个好的品牌或口碑优秀的品牌,用户都愿意主动去搜索其产品。因此,品牌形象也可以作为运营者的流量入口。

运营微信公众号也一样,建立自己的品牌形象有利于增加粉丝和增加粉丝黏性,那么运营者如何建立品牌形象呢?下面以图解的形式分析介绍,如图 3-67 所示。

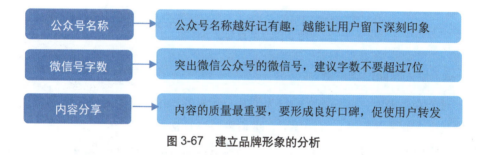

图 3-67 建立品牌形象的分析

专家提醒

其实,建立品牌形象最重要的还是质量,用户看到了有质感的内容,才会接受内容的传播,主动去分享,形成病毒式传播,如果运营者一味地只注重分享和推广,则不利于公众号的长久发展。

3.4.4 留存:增强黏性培养粉丝活跃度

增强粉丝黏性就是培养更多活跃粉丝的支持和促进粉丝推荐,获取粉丝经济,粉丝黏性越大,流量入口就越大,可以从以下几个方面介绍增强粉丝黏性的方法。

1. 用活动活跃氛围

在公众号的运营中，举办活动是最能提升用户黏性的方法，也是最直接的推广引流的技巧，如图 3-68 所示。

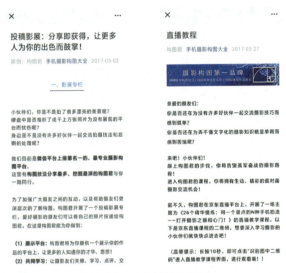

图 3-68　公众号举办活动

2. 用人脉圈汇集铁粉

对公众号来说，铁杆粉丝的行为都具有积极的作用，就像对娱乐明星来说，不论是出专辑、拍写真、开演唱会、电影公映铁杆粉丝都一定会支持。因此，运营者要增强粉丝黏性，可以将已有的粉丝通过公众号的粉丝群汇集起来，用交流打造铁粉。

3. 创造话题引领分享

在当今信息化飞速发展的时代，无话题不营销，话题就是一个搜索入口，一个流量入口，即使是有身份有地位的大企业家也不免被拿出来博眼球，炒话题，比如王某某的"网红"、刘某某的"奶茶"炒作时间早已过去但还是被持续热议着。

第 4 章

推波助澜：微博自媒体运营

学前提示

新媒体营销中的微博平台，用户只需要用很短的文字就能反映自己的心情或者发布信息，这样便捷、快速的信息分享方式，使得大多数企业与商家开始抢占微博营销平台，利用微博"微营销"开启网络营销市场的新天地。

本章主要介绍微博及微博营销的推广策略和技巧，还有微博营销时需要注意的事项。

要点展示

- ▶ 深入了解：从零开始学微博营销
- ▶ 充分准备：微博营销前的筹备工作
- ▶ 积极把握：微博营销的推广策略
- ▶ 熟练驾驭：玩转微博营销的小技巧
- ▶ 注意事项：避开微博营销的这些误区

4.1 深入了解:从零开始学微博营销

在新媒体火热发展的当下,微博不仅是一种流行的社交工具,对企业或商家来说,它也是一个重要的营销平台。企业或商家在进行微博营销之前,应对微博营销的具体情况做出一定的了解,只有这样,企业或商家在营销的过程中才能将微博平台运营得更好。下面对微博营销的基本内容进行相应的介绍。

4.1.1 初识:微博营销是什么

虽然微博的发展时间并不长,但它给企业或商家带来的营销力量却是惊人的。在互联网与移动互联网快速发展的时代,微博凭借其庞大的用户规模以及操作的便利性,逐步发展成为企业微营销的利器,为企业创造了巨大的收益。由于网络营销的迅速发展,微博营销作为网络"微营销"的"左手",也具有非常火爆的人气,是各大企业与商家营销推广的重要平台。

简单来说,微博营销就是企业、商家或个人,为创造自身的价值利用微博平台进行的一种营销方式。通过微博营销,企业、商家或个人可以满足自身的各种需求,进而获得商业利益。在微博平台,企业、商家或个人只需要用很短的文字就能反映自己的心情或者发布信息,这样便捷、快速的信息分享方式使得大多数企业与商家开始抢占微博营销平台,利用微博"微营销"开启网络营销市场的新天地。下面对微博营销进行图解分析,如图4-1所示。

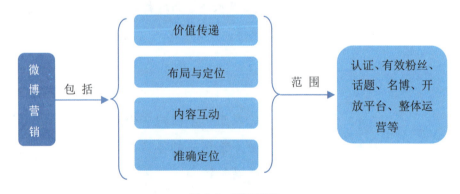

图4-1 微博营销

微博的每一个用户,即粉丝,都是企业或商家进行营销的潜在营销对象,企业可以利用微博更新消息向网友传播企业信息、产品信息,以此树立良好的企业形象和产品形象。企业不仅可以通过每天更新消息内容与用户进行交流互动,还可以通过发布用户感兴趣的话题的方式，来进一步达到营销的目的。

现在，国内有 4 大主要微博平台，分别是新浪、腾讯、网易和搜狐。其中用户基数最多、流量占比最庞大的微博平台是新浪，新浪凭借着其强大的用户量，成为了微营销的最佳选择。

4.1.2 分析：微博营销的特点

在移动互联网迅速发展的当下，消费者的消费行为也发生了巨大的变化。消费者由以往的被动选择变成了在网上主动搜索和分享。此外，消费者的消费决策还受到其他消费者的评价的影响，这无疑给企业或商家的营销战略带来了新的挑战和机遇。

微博是从一个单一化的社交和信息分享平台转化而来的，在网络营销时代，微博凭借其巨大的商业价值属性成为了企业重要的网络营销推广工具。微博营销的特点主要表现在以下方面，如图 4-2 所示。

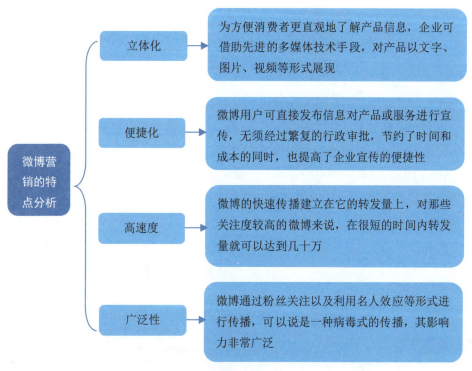

图 4-2　微博营销的特点分析

4.1.3 定位：微博营销的价值

微博营销能为企业带来营销价值，且其所带来的价值是不可估量的。微博营销对企业的价值主要体现在以下方面。

(1) 提供客户管理。企业在日常与客户交流的过程中能够将产品信息传递给客户，然后根据客户的意愿与需求，将客户进行分类，然后针对分类精确管理。

(2) 提供公关服务。微博不仅为企业提供了产品营销的平台，还为企业提供了一个发现、处理公关危机的平台。企业在与粉丝的日常交流互动中，一旦发现了公关危机的苗头，就可以立即采取措施将危机扼杀在萌芽中。如果危机事件已经发生了，企业则可以利用微博向大众传递对危机事件的态度，迅速采取适当的处理措施，防止事态恶化。

(3) 提供个性化需求。企业可以从消费者转载、传播的信息中，了解到消费者最真实的想法，因此企业可以根据消费者传播出来的愿望推出客户最想要的产品，以此来满足消费者的需求。

(4) 提供无障碍沟通。微博的互动形式可以使企业在与客户沟通交流时不受时间、空间的限制。来自不同地区的志趣相投的人可以实时沟通，进行更加深度的交流。

4.1.4 作用：微博营销三阶段

用户凭借微博本身具备的即时、便捷的互动性能将信息迅速传递开来，让消息的流通变得极为快速便捷。而微博营销，由于其信息发布简单、信息传递速度快、传播范围广、成本耗费少等特点，逐渐成为企业广泛使用的营销模式之一。微博营销能为企业的商业发展起到巨大的作用，主要体现在以下几个阶段，如图 4-3 所示。

图 4-3 微博营销的作用

4.2 充分准备：微博营销前的筹备工作

微博营销是继微博诞生后催生出来的一种新兴营销模式，通过一对多的互动交流方式，以及快速广泛传播的特性，为企业带来了良好的微博推广效果。

企业可以利用微博140字内容信息功能来与粉丝进行互动交流，在这个大社交舞台上，企业只要通过一定的软文营销策略就能推广自己的品牌和产品信息，树立良好的企业形象和产品形象，从而达到营销的目的。

下面介绍微博+营销的准备工作。

4.2.1 设置：微博取名原则

企业要为微博设置一个适当的名字，需要遵循以下几点原则，具体如图4-4所示。

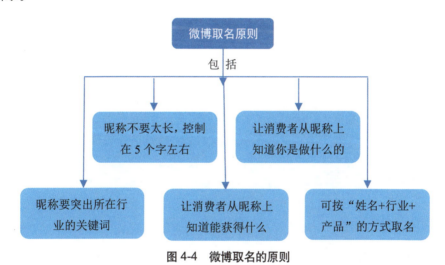

图4-4 微博取名的原则

4.2.2 更换：头像设置技巧

微博头像的设置要有辨识度，最好能让人第一眼就知道你是做什么的。对于企业或者商家微博的头像，要能够让人一看就印象深刻。

关于头像的设置这里总结了几点技巧，具体如图4-5所示。

图 4-5　微博头像设置的技巧

4.2.3　输入：标签设定规则

标签的设定也是很有意义的，下面就来介绍设置微博标签的一些规则。

1．提高匹配度

如何提高标签的匹配度？可以设置 10 个关键词，前 6 个完整的关键词站在消费者的角度进行撰写，如美容类的标签，可写下"美白""养颜""消痘""瘦身"等。后面 4 个就把一个词分开写，例如美、白、痘、瘦等，这样的目的是让一个字能匹配到你，两个字也能匹配到你，三个字也能匹配到你。

2．定期调整

企业要根据用户的搜索习惯定期调整标签的词汇，具体做法是：提前准备十几组标签词汇，定期去看用户搜索习惯，根据被搜索最多的词汇来调整自己的标签。

3．合理的排序

选好了标签词，就要进行优化，例如前面的 6 组词都用 4 个字的词语，从第 7 个词开始，按照 4、3、2、1 个字的顺序来写，如"美白祛痘""美白祛""美白""美"。

4．重视节假日

标签词最好一个月换一次，如果遇到节假日就更换与之相关的标签词，如"母亲节"，就把"母亲节"写进标签里，当人们搜索关于母亲节的词汇时，就容易搜索到你的微博了。

4.2.4 修改：介绍基本信息

简介是微博账号设置基本信息里的最后一项内容。企业可以根据自己的产品准备很多词组，去掉个人标签用掉的几个，剩下的可以写到这里来，如图4-6所示。

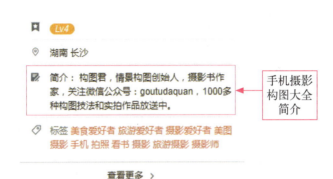

图4-6 手机摄影构图大全简介

简介的内容是要考虑搜索概率来写，需要注意的是词语之间要用空格隔开，不要用任何标点符号，其次写完后可以加上电话号码或者微信号、QQ号，但最好不要写网址，因为对于手机用户来说写在简介中的网址是无法跳转的。

4.2.5 完善：增加资料可信度

完善的资料除了个人标签、个人介绍、头像这几项内容之外，还有工作信息、职业信息等也要完善，这样用户才能根据里面的关键词搜索到你，而且还会给人一种真实的感觉，从而增加用户的信任感。另外，最好绑定手机号，这样才能充分利用微博的高级功能，否则有些功能是用不了的。

4.3 积极把握：微博营销的推广策略

微博营销最注重的是价值的传递与内容的互动，正是因为有这两点微博才能迅速火热起来，并以显著的营销效果创造了巨大的商业价值。然而，利用微博进行营销，第一件事就是要增粉，有了粉丝才会有客户，营销者才能根据他们的特点制定准确的营销方案进行营销。那么，微博要怎么吸粉呢？

4.3.1 建立：微博粉丝群

微博群是为微博粉丝提供一个围绕某个话题交流和讨论的场所，群内的成员往往都是对这一话题感兴趣的人，如果企业能常常发一些用户关注的内容，经常和群内的用户进行交流讨论，帮助用户解决问题，甚至成为群内的名人，那么群内的用户也会慢慢转变成自己的粉丝，抑或自己建一个群，与粉丝进行互动交流，拉近彼此之间的距离。

那么企业该如何利用微博群与粉丝进行互动呢？

（1）积极耐心地与粉丝互动，在发现企业的微博评论中或他人发布的微博评论中有一些有必要回复的问题后，要根据不同问题的性质进行不同方式的回答。

（2）发布一些搞笑和有震撼力或有争议的图片、视频、短的软文段子等，通过其他用户的转播评论，再与其他人进行互动。这种方法需要的人力和时间比较多，如果能广泛传播，其效果也是很好的。

（3）企业或机构在每天发完几条微博后，需要不断地监测粉丝们的回复以及粉丝们主动发布针对你的企业或机构的帖子，这种行为实际上是在提高互动率。

（4）通过一些测试题，有趣的小游戏来聚集粉丝进行互动，这种方法相对来说是比较稳妥的，抓住了一类人喜欢进行星座情感测试问题小游戏的心理，进行传播宣传，达到互动软文营销的目的。

（5）重视原创微博的水平，坚持让微博原创软文在素材选择上恰当，在表达方式上轻松，在商业元素上更软化的微博帖子很容易引起粉丝们的关注并进行转发。

4.3.2 参与：积极的互动

进行微博互动营销，最主要的一点就是要主动与别人进行互动。当别人点评了你的微博后，你就可以和他们进行对话。企业或商家还可以利用微博举办一些具体的活动，以此来加强与粉丝的互动。在活动的互动中，可以挖掘客户或者潜在客户，以此来实现产品或服务的互动营销。

企业或商家可以举办一些抽奖活动或促销活动来吸引用户的眼球，进而增加与粉丝的互动。在抽奖活动中，企业或商家可以设置一些条件。比如，用户按照一定的格式转发或评论相关信息，这样就有机会中奖。

如图4-7所示为微博活动转发的某博主的活动互动信息。

图 4-7　微博活动转发的活动互动信息

总之，企业或商家只要不断地和粉丝保持互动，对粉丝发布的微博经常进行转发、评论，让粉丝感觉到自己的诚意，就可以获得粉丝的信任。

4.3.3　推广：利用广告牌

微博有一种广告牌，主要用来宣传推广。微博用户只要开通会员就可以对背景进行自定义设置，然后将自己的二维码、微信号、QQ 号、电话号码、网店地址等具体信息写在里面，当别人打开企业的微博主页，就可以看见企业所有的联系方式。

微博最好申请认证，微博的个性域名可以用官方网址，没有官方网址的可以用你的英文名字或者微信号。

4.3.4　营销：推广硬广告

硬广告是生活中最常见的一种营销方式，它指的是人们在报纸、杂志、电视、广播、网络等媒体上看到或听到的那些为宣传产品而制作出来的纯广告。其中，微博中的硬广告传播速度非常快，涉及的范围也比较广泛，常常以图文结合的方式出现，也常伴有视频或者链接。以下是微博广告的 4 大特征。

- 形式多样。
- 位置固定。
- 内容鲜明。
- 需要付费。

一般用户对各种硬广告大都有排斥心理，因此，企业在发布广告时，营销文字不要太直接,要学会将硬广告软化,巧妙把广告信息设置在那些比较吸引人的软文里。生硬的广告只会让用户产生反感。企业在发布时,最常见、最直接有效的微博硬广告方式是图文结合,除此之外,企业在优化关键词的时候,也应多利用热门的关键词,或容易被搜索到的词条增加用户的搜索率。

4.3.5 服务:把握公关回复

公关危机是各大企业都可能面临的重要问题。尤其是在这个病毒式传播的互联网时代,用户对产品或服务的负面评论很可能导致企业直接面临公关危机。但是,作为一个信息共享的社区,微博的传播速度是非常快的,只要企业掌握了正确处理公关危机的技巧,就能够及时地将危机降到最低。

> **专家提醒**
>
> 微博公关是企业解决公关危机的一种新的方式,企业利用微博平台进行危机公关不仅效率高,而且影响大。企业通过参与和回复关注者评论的方式,还可以实现与用户的互动,以进一步影响舆论。

在面临公关危机时,微博、企业以及一些专门解决危机公关的专业团队都可以采取相应的措施来解决公关危机。如图 4-8 所示为微博的公关服务技巧。

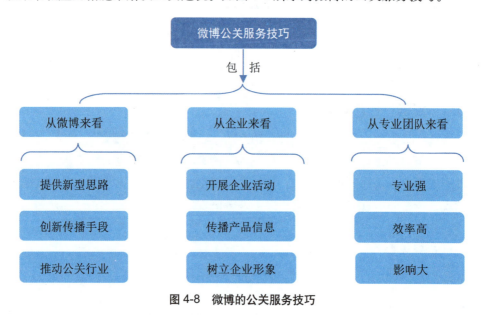

图 4-8　微博的公关服务技巧

4.3.6　构建：微博营销团队

如今，微博营销已完全步入成熟阶段，但是它依然需要专业的人员才能发挥最大效果的运营。如何招纳这些人才来建立微博营销团队呢？如图4-9所示。

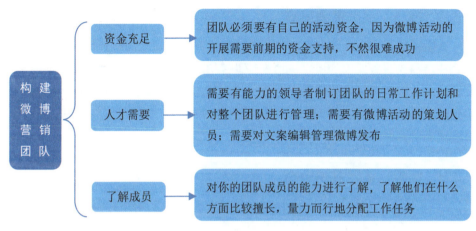

图4-9　构建微博营销团队

4.3.7　编辑：个人标签设置

微博个人标签能让用户搜索时快速找到你，还能增加在搜索结果中排名靠前的概率。个人标签的设定是非常有讲究的，它的设置是有一定规则的，用户不能盲目地设置个人签名。这样反而会对微博的营销起到阻碍作用。那么，微博个人标签设置有哪些规则呢？下面对微博个人标签的设置规则进行图解分析，如图4-10所示。

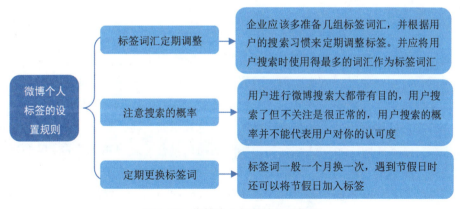

图4-10　微博个人标签的设置规则

微博标签是用户搜索的入口，因此，要想做好微博营销，企业或商家必须重视对微博标签的设置。值得注意的是，微博标签不仅要体现产品或品牌，还要方便用户搜索。

4.3.8 技巧：品牌营销策略

在微博的平台里，企业可以对用户进行实时跟踪，从而快速地了解到用户在对企业产品或服务发出的质疑或请求帮助等信息。企业还可以通过微博来回复用户的信息，以解决用户的问题，避免用户因为不满而大规模地在网络上传播企业不利信息。微博这个服务平台能快速解决用户的问题，有效地提高客户的满意度，并实现品牌真诚度的累积。

4.3.9 借势：话题营销策略

一般来说，微博用户在打开微博之后，大都会先选择微博里的好玩的内容来浏览，然后就是查找热门微博或者是查看热门话题。因此，对企业而言，就可以抓住用户的这一习惯，借势进行话题营销。

企业在进行话题营销时，首先应该了解用户对什么话题感兴趣，然后把这个话题策划成自己营销的内容，用户在搜索话题时，就可以搜索到自己的内容了。企业一般在发微博的时候，应该对热门关键词加上双井号如：＃热门关键词＃，这样就可以增加用户的搜索率了。

但是，值得注意的是，企业在进行微博营销时，还应该适当地转发别人的微博，对别人的微博进行留言。这样的话，不仅可以加强彼此的互动，也可以获取更多博主的信任。你对别人的关注度高，别人也会对你更加关注，这就是微博营销的主要策略。

但是，企业在转发别人的微博时一定要把握一个度，转发过多、留言过多、互动过多的话，只会让别人感到厌烦，甚至是对你取消关注。因此，企业在进行微博营销时一定要坚持适度原则，只有把握好了这个度，才能够让企业的微博营销真正地收到自己想要的效果。

总之，话题营销是企业在进行微博营销时采用的主要方式之一。因此，企业在进行话题营销时一定要注意选择正确的话题，只有将品牌和产品的实际情况准确地融入正确的话题之中，才能够取得话题营销的成功。否则，只会让营销内容显得格格不入，既不能达到目的，也不能让微博用户信服，这样的微博营销也就变得毫无意义了。

4.4 熟练驾驭：玩转微博营销的小技巧

微博平台的作用是提升品牌与消费者的互动体验及品牌影响力，进一步拉近品牌与消费者的沟通距离。为了达成这个目标，多个方面的攻略缺一不可，尤其是对于想要通过微博创建成功效果的平台而言。

下面教大家一些微博营销的小技巧和攻略。

4.4.1 更新：长期坚持发博

企业要长期坚持更新微博，因为只有保持微博的活跃度，才不会被粉丝遗忘，因此企业要将企业微博运营作为长期品牌建设的战略。

4.4.2 互动：主动关注与评论

企业不能一直都等着别人来关注自己，应该学会主动出击，企业主动关注目标客户的行为，在很大程度上会促使一般微博用户在得到新粉丝之后，都会回访关注人的微博。如果企业的微博内容能够引起用户的兴趣，那么一般用户也会互粉了，如果企业的个人资料比较丰富，头像比较吸引人一些，互粉的可能性就会更大。

企业可以在微博粉丝用户的博文下写一些有价值、有深度的评论，引起潜在用户的注意力。进行转发会容易让用户觉得自己得到了尊重，自己发表的东西有人懂得欣赏，自己又找到了一个志同道合的朋友。

于是用户和企业直接建立起了互粉的桥梁，届时用户成为企业的粉丝也就不是什么难事了，这种方法需要坚持做，用心去评论别人的信息，才能取得好的效果，不能满打广告急着推广。

4.4.3 发布：抓住话题热点

微博的"热门话题"是一个制造热点信息的地方，也是聚集网民数量最多的地方，运营者要利用好这些话题，发表自己的看法和感想，提高阅读和浏览量。还可以利用内容连载的形式发表话题，引起一部分人的关注。

如图4-11所示为"手机摄影构图大全"微博，根据光棍节的热门话题展开的内容营销。

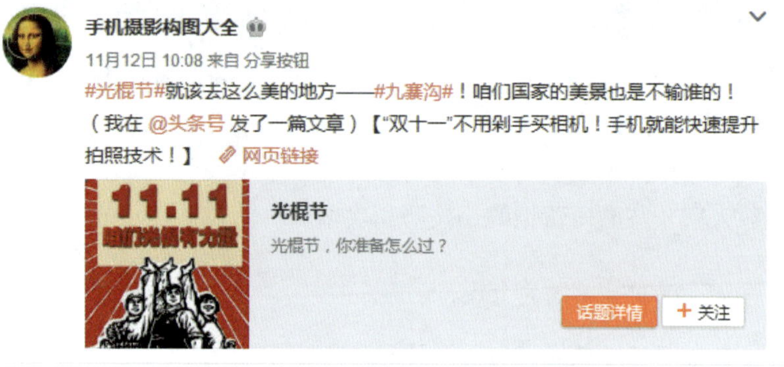

图 4-11　根据热门话题展开营销的案例

4.4.4　挖掘：微博软文的故事

这里的故事不仅仅指古代的历史故事，还指现代企业所在地的历史文化、企业的发家史、创业史等，甚至还包括企业经营项目的历史渊源等。

例如，著名的护肤品 LAMER 海蓝之谜是雅诗兰黛集团旗下的顶尖级品牌之一，是目前市面上昂贵的护肤品牌之一，这个著名的品牌却有着一段传奇的背景故事，如图 4-12 所示。

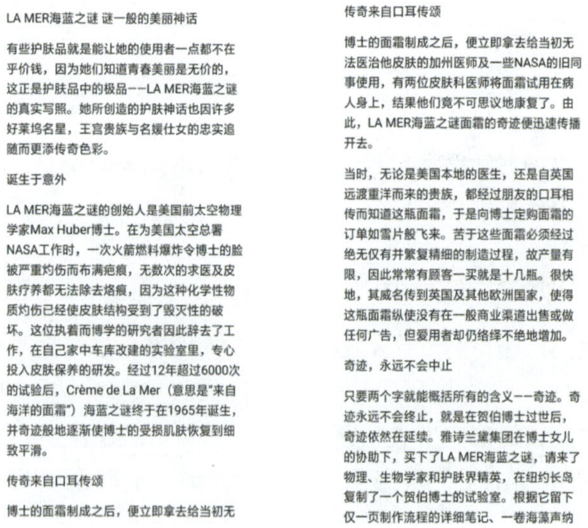

LA MER海蓝之谜 谜一般的美丽神话

有些护肤品就是能让她的使用者一点都不在乎价钱，因为她们知道青春美丽是无价的，这正是护肤品中的极品——LA MER海蓝之谜的真实写照。她所创造的护肤神话也因许多好莱坞名星，王宫贵族与名媛仕女的忠实追随而更添传奇色彩。

诞生于意外

LA MER海蓝之谜的创始人是美国前太空物理学家Max Huber博士。在为美国太空总署NASA工作时，一次火箭燃料爆炸令博士的脸被严重灼伤而布满疤痕，无数次的求医及皮肤疗养都无法除去烙痕，因为这种化学性物质灼伤已经使皮肤结构受到了毁灭性的破坏。这位执着而博学的研究者因此辞去了工作，在自己家中车库改建的实验室里，专心投入皮肤保养的研发。经过12年超过6000次的试验后，Crème de La Mer（意思是"来自海洋的面霜"）海蓝之谜终于在1965年诞生，并奇迹般地逐渐使博士的受损肌肤恢复到细致平滑。

传奇来自口耳传颂

博士的面霜制成之后，便立即拿去给当初无

传奇来自口耳传颂

博士的面霜制成之后，便立即拿去给当初无法医治他皮肤的加州医师及一些NASA的旧同事使用，有两位皮肤科医师将面霜试用在病人身上，结果他们竟不可思议地康复了。由此，LA MER海蓝之谜面霜的奇迹便迅速传播开去。

当时，无论是美国本地的医生，还是自英国远渡重洋而来的贵族，都经过朋友的口耳相传而知道这瓶面霜，于是向博士定购面霜的订单如雪片般飞来。苦于这些面霜必须经过绝无仅有并繁复精细的制造过程，故产量有限，因此常常有顾客一买就是十几瓶。很快地，其威名传到英国及其他欧洲国家，使得这瓶面霜纵使没有在一般商业渠道出售或做任何广告，但爱用者却仍络绎不绝地增加。

奇迹，永远不会中止

只要两个字就能概括所有的含义——奇迹。奇迹永远不会终止，就是在贺伯博士过世后，奇迹依然在延续。雅诗兰黛集团在博士女儿的协助下，买下了LA MER海蓝之谜，请来了物理、生物学家和护肤界精英，在纽约长岛复制了一个贺伯博士的试验室。根据它留下仅一页制作流程的详细笔记、一卷海藻声纳

图 4-12　LAMER 品牌的传奇经历

该品牌的官方微博几次借助这个故事进行推文，如图 4-13 所示。

图 4-13　LAMER 官方微博的部分软文内容

4.4.5　制造：原创性新闻内容

面对微博这个人口流量庞大的即时性平台，企业要学会自己制造新闻，虽然发布新闻的方式不多，但是新闻的内容却可以有很多，例如：

- 企业年中、年底的经销座谈会；
- 商家获得企业融资；
- 接待社会知名人士；
- 企业领导对外参加知名的活动等。

企业微博运营者要密切关注和发布与上面所提到的信息相关的内容，这样才能保证企业的新闻永不断，让消费者随时都能看到企业的消息。

另外，制造新闻还要讲究一定的原则，要有依有据、有真实可靠的内容，企业可通过新闻来植入软性的产品广告。

4.4.6　运营：学会用 @ 符号

在博文里"@"明星、媒体、企业，如果媒体或名人回复了你的内容，就能借助他们的影响力积累自己的粉丝，若明星在博文下方评论，则会受到很多粉丝及微博用户关注，那么产品定会被推广出去。

如图 4-14 所示为"手机摄影构图大全"的微博，根据电影使用 @ 明星进行的内容营销。

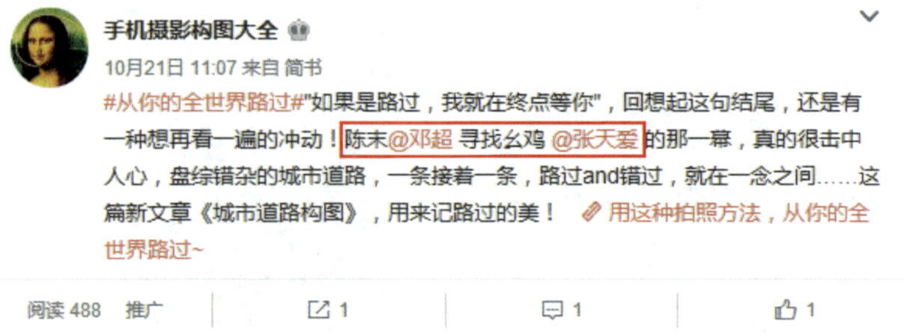

图4-14 @符号案例分享

4.4.7 对比：勇于向对手学习

企业要擅长向竞争对手学习，对于同一个产品或者同一项服务，企业要仔细研究对手的软文特点，然后取长补短，找出自己的优势，将自己具备而对手不具备的优势在软文中体现出来。

但是在与对手比较的过程中，要注意不能刻意诋毁对手，要站在客观的角度进行软文创意，不能为了达到营销效果，就刻意去诋毁对手的弱势，这样很容易在消费者心目中树立不好的企业形象。

4.4.8 提炼：140字打造精华

企业在微博上运行软文营销，最好的方法是写140字的软文内容，虽然企业可以发长微博，但人们不会花费太多的时间去仔细查看长篇大论的微博，因为人们对精简的微博软文会更感兴趣一些。但是发140字微博软文需要注意以下几点技巧。

1. 40字以内吸引住眼球

企业在进行软文营销的时候，要在前40个字以内就吸引住网民的眼球，那样才会有效果。比如很多企业或组织者在发布开店的微博软文时，就会用短短两行字直接说明主题，让有意向的人一眼就被吸引住，所以即使开始没有意向，也会忍不住产生意向。如图4-15所示，为手机摄影构图大全发布的部分微博内容。

2. 多用疑问句

在微博软文内容中，可以多用一些疑问句，这样就相当于抛出一个话题来供消费者讨论，引起更多人的共鸣。如图4-16所示，这是手机摄影构图大全发布的部分微博内容。

图4-15　手机摄影构图大全微博部分内容

图4-16　手机摄影构图大全发布的部分微博内容

3. 罗列信息

微博软文营销可以使用1、2、3等编号形式将软文的信息罗列出来，更能够清晰地阐释软文内容。如图4-17所示，小米手机微博罗列出的手机产品信息。

图4-17　"小米手机"罗列产品信息

4.5　注意事项：避开微博营销的这些误区

对于企业来说，在进行微博营销时，不仅要掌握微博的推广技巧，还要学会规避微博营销的误区,只有这样才能避免造成一些不必要的损失。企业不要急功近利刚进驻微博平台就能取得明显的营销效果,微博营销是一个循序渐进的过程。企业只有认清自己的位置,找准合适的目标,并且巧妙地规避误区,才能够在微博平台上开辟出一片属于自己的营销天地。

下面主要对微博营销的几个方面的误区进行具体分析,企业或商家应该重视,以便在自身进行微博营销时可以做到成功地规避误区,以真正地实现微博营销的价值。

4.5.1 误区1:所有企业和产品都适用

微博作为一种新型的营销工具,相比其他平台而言,它也有自身的短板。因此,并不是所有的企业及产品都适合进行微博营销。以下为微博营销自身的缺点。

- 营销信息的碎片化。
- 评论的关联性较差。
- 信息表现能力较弱。

任何营销工具都不会是万能的,都有其自身的短板,当然,微博也不例外。因此,企业或商家在进行营销时,就要对营销工具进行正确的选择。但是,选择好了正确的营销工具还是不够的,企业或商家还应该运用正确的营销方法才能够打响营销之战。如图4-18所示为微博营销的正确做法。

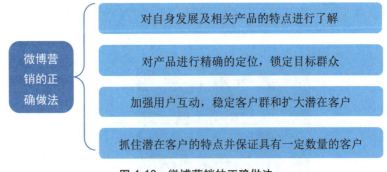

图4-18 微博营销的正确做法

企业在进行营销活动时,一定要找准适合自身发展的营销平台,要知道并不是所有的企业都适合利用微博来进行营销。那些不适合利用微博进行营销的企业应该早点寻找适合自己的发展平台。比如,微信、QQ、博客、BBS等。只有找准适合自身发展的平台,企业在营销活动中才能够产生明显的营销效果。

4.5.2 误区2：帖子内容的编写很容易

虽然，微博的帖子内容被要求在140字以内，但是，要写好一篇140字以内的帖子也不是那么容易。就微博营销来说，140字既要包括产品或服务的所有内容，也要吸引用户以达到营销推广的目的，其难度可想而知。

但是，对微博的帖子进行编写也是有一定技巧的，企业只要真正地掌握好了这些基本的技巧，很好地完成一篇微博帖子是不成问题的。下面对编写微博帖子的技巧进行简单介绍。

1. 构思巧妙，具有创意性

企业发布的微博营销的帖子一定要具有创意性。编写微博帖子之前拥有一个巧妙的构思，才能够使帖子更好地吸引用户。企业发布的微博营销的帖子一定要让客户感觉到既有趣好玩又有利可图，只有抓住用户的这种心理，才能吸引更多的用户参与进来，回答相关问题并且帮忙转发。

2. 内容清楚，表达方式新颖

企业在编写微博帖子内容的时候，一定要将所有的信息量表达清楚，并且要注意文字表达的语气。一般来说，微博帖子的语气不要太生硬，否则只会将软文写成硬广告，使用户产生反感。如果有必要的话，企业还可以借助图像、音频或视频来配合帖子中的文字描述。

4.5.3 误区3：转发量大就是效果好

很多企业总会认为，某条微博的评论数或转发数非常大，就觉得这条软文营销效果不错。其实不然，光用评论数和转发数来评判软文营销的效果并不那么精准，因为转发有些也是无价值的，因此企业在进行微博软文营销的时候，需要从以下两方面对营销效果进行判定。

1. 水军

有些企业将微博软文营销外包给其他中介公司来做，而这些中介公司有时候为了让营销效果从表面上看起来特别好，就雇了大量水军来进行转发和评论，但这些水军并不是真正的粉丝。因此企业想要获得真正的粉丝，还必须整治水军账号，谋取真正的粉丝转发量。

2. 质量

企业需要注重软文营销的质量，所谓的质量，就是指在运行软文营销的过程中，企业要考虑"评论中有价值的评论有多少？""转发里是否存在高质量账号""高质量账号有多少"，如果这几个数据都很低，那么整个软文营销的效果则不能算好。

4.5.4 误区4：唯一的新媒体营销平台

一般来说，营销活动都不是通过某一个单一的渠道就可以完成的，企业利用各种平台进行营销才能取得较好的效果。那些为了夸大微博的营销作用，称只要把微博这个平台利用起来就不再需要其他的营销渠道的说法是错误的。

微博是一个很好的营销平台，但绝不是唯一的平台。企业可以打通多种营销渠道，采取多面夹击的方式，获取品牌用户。说到企业的多渠道营销，诺基亚就曾做得很好。诺基亚曾为了推出其品牌手机，与新浪微博、人人网、开心网和优酷网等平台联合对产品进行了全面的营销推广，获得了很好的传播效果，如图4-19所示。

图4-19 诺基亚全社交网络营销推广

4.5.5 误区5：只需要发布营销的软文

有些企业，在运行微博软文营销的过程中，由于营销方式很多，造成人手忙不过来的情况，他们就会请一些兼职，规定他们只要平均每天发一条微博软文，就算微博软文营销任务基本完成。这样做的后果很有可能削减微博软文营销的效果。

微博软文营销的关键就在于微博软文发布后，不断地与用户进行互动，来保持或增加用户对微博的关注度。因此，软文营销并不局限于在发布软文上，它是由很多小环节一环扣一环组成的,并不是每天发布软文就算完成微博营销的任务,因为这样可能起不到任何营销作用。

4.5.6 误区6:发完帖子就算完成营销

对企业的微博营销来说,每天发帖固然是好事,但是,那种认为每天发帖就算完成微博营销的想法和做法,肯定是错误的。很简单的一个原因是,并不是每天发的帖子都能够产生营销效果,也并不是每天发帖子就能够促进产品的营销。其实,企业进行微博营销时有很多发帖技巧,下面进行图解分析,如图4-20所示。

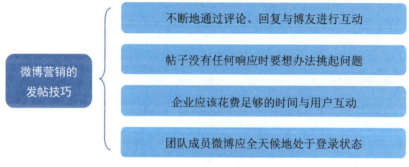

图4-20 微博营销的发帖技巧

企业在进行微博营销时,不仅要掌握这些发帖的技巧,也需要安排专业人员进行官方微博的维护,以及利用微博小号进行品牌舆论的宣传,以扩大用户群体。对于微博营销来说,定期更新合理的内容,制造引人热议的话题才会形成品牌传播,收获更高的营销价值。

第 5 章

背靠大树：今日头条平台运营

学前提示

今日头条是用户最为广泛的新媒体运营平台之一，因其运营推广的效果不可忽视。所以，众多新媒体运营者都争先注册今日头条来推广运营自己的各类产品。

本章将从平台的申请注册、推广发文、经验技巧等方面对今日头条运营进行讲解和分析。

要点展示

▶ 实战经验：今日头条的发文
▶ 内容推广：提高推荐和阅读
▶ 注意事项：文章推送的忌讳
▶ 留存促活：今日头条的运营

5.1 实战经验：今日头条的发文

"信息创造价值"是今日头条平台的广告语，作为一款个性化推荐引擎软件，今日头条能够为平台的用户提供最有价值的信息。本节针对今日头条注册前的准备、注册中的流程与各方面的信息设置进行详细讲解，希望对运营者有所帮助。

5.1.1 注册前：熟知条件与准备资料

在注册今日头条账号之前，运营者首先要知道有什么注册条件，以及平台注册需要准备的资料，只有把这些准备齐全，才能保证后续注册工作进展顺利。

1. 注册条件：什么人才有资格

注册今日头条可以从两种情况来理解，一种是注册今日头条账号，一种是注册头条号，这两种情况的注册，其注册条件是不一样的，当然所拥有的权限也会不同。

1）今日头条账号

运营者如果只是想要注册今日头条账号的话，只要运营者拥有邮箱、新浪微博、腾讯微博、QQ空间、微信、人人网等社交平台中任意一个平台的账号即可登录今日头条。当然，如果只是注册今日头条账号，那么所获得权限也比较少，只能是浏览各种资讯，参与它们的讨论、留言、转发等，但是不可以在平台上发布各类资讯消息。

2）头条号

如果要注册头条号，那么其注册条件就会相对严格一些。在注册机构类头条号时，规定运营者必须年满18周岁和能提供真实、可信的辅助材料。运营者能满足这两项最基本的条件，即可申请注册机构类头条号。

头条号注册通过后，运营者不但能够阅读、评论、转载平台上的各类资讯文章，还能将自己写的文章发布到平台上，成为平台上文章的创作者，并以此获得一定的收益。

2. 注册资料：不同类型

运营者在入驻今日头条平台前，要先弄清楚注册该平台所需要的资料，并将这些资料准备好。在今日头条平台，共有两大类型的头条号注册，即个人类头条号和机构类头条号，而其中机构类头条号又可分为5类，即群媒体、新闻媒体、国家机构、企业和其他组织。下面将对"个人"和"机构"两大类来进行介绍。

1)个人类型头条号注册资料

根据今日头条平台要求,运营者如果要注册个人类型的头条号,那么就需要准备以下几种资料,具体介绍如图5-1所示。

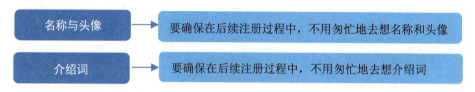

图5-1 个人类型头条号注册要准备的资料

专家提醒

需要注意的是,如果运营者注册的是健康、财经等领域的个人头条号,那么就还需要上传专业资质的证明材料。

2)机构类型头条号注册资料

运营者注册机构类型的头条号所需的资料,同样需要上述个人类型的资料,但是该类型的头条号还需要准备以下几种资料,即组织名称、组织机构代码证/营业执照、确认书扫描件、所在地和联系邮箱。当然,运营者如果想要完善资料,还可以在注册时加入其他资质、辅助材料、网站和身份信息等材料。

5.1.2 注册中:多种终端的入驻途径

运营者在进行了上述的准备工作之后,接下来就要开始入驻今日头条平台了,本节笔者为大家分别介绍个人类型和企业类型头条号的入驻流程。

1. 电脑端注册1:个人号注册流程

如果运营者想要注册个人类型的头条号,其注册流程如下。

 01 运营者需要进入今日头条官网首页,然后单击首页右上角的"头条产品"按钮,在弹出的下拉列表中选择"头条号"选项,如图5-2所示,进入"头条号"页面,然后单击该页面上的"注册"按钮,如图5-3所示。

图 5-2　进入今日头条官网

图 5-3　单击"注册"按钮

步骤 02　执行操作后，即可进入"注册"页面，在该页面运营者需要选择注册方式，在此我们选择使用手机注册，填写注册的手机号和图片验证码，如图 5-4 所示。单击"获取验证码"按钮，把获取的验证码输入左侧的文本框中，单击"注册"按钮，如图 5-5 所示。

图 5-4　填写注册手机号和验证码

图 5-5　获取验证码并单击"注册"按钮

步骤 03 执行操作后,进入"选择类型"页面,运营者需要在该页面中单击个人类型头条号下方的"选择"按钮,如图5-6所示。

图5-6 单击个人类型头条号下方的"选择"按钮

步骤 04 执行操作后,即可进入"表单页"页面,运营者需要按照要求,将之前准备好的资料填写、上传至该页面相对应的地方。选中"请同意《头条号用户注册协议》"单选按钮,然后单击"提交"按钮,如图5-7所示。

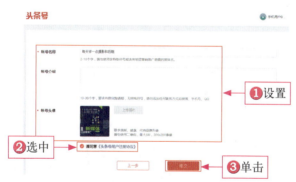

图5-7 单击"提交"按钮

步骤 05 执行操作后,即可完成个人类型的头条号的注册,此时运营者即可在平台上推送文章了。

2. 电脑端注册2:企业号注册流程

在介绍了注册个人类型的头条号之后,我们为大家介绍入驻企业类型的头条号的具体注册流程。因为注册过程中前部分的邮箱、手机认证过程一样,这里就不再赘述,直接从选择头条号类型这一步骤开始。

步骤 01　运营者在"选择类型"页面，需要单击机构类型头条号下方的"选择"按钮，如图 5-8 所示；执行操作后，进入机构类型头条号的各个分类页面，单击企业类型头条号下方的"选择"按钮，如图 5-9 所示。

图 5-8　单击企业类型头条号下方的"选择"按钮

图 5-9　单击企业类型头条号下方的"选择"按钮

步骤 02　执行操作后，即可进入"入驻资料"页面，如图 5-10 所示。在该页面运营者需要将之前准备好的资料填写、上传到相应的地方；运营者将上述信息填写、上传完之后，只要选中"请同意《头条号注册用户协议》"和"请同意《今日头条移动端数据推广服务协议》"两个单选按钮，然后单击"提交"按钮，即可完成注册。

图 5-10　企业类型头条号"入驻资料"页面

3．随时随地的手机端注册流程

想进驻头条号的创作者们，除了可以在 PC 端注册头条号外，还可以在手机端注册，这是一种更方便的注册方式。特别是在手机上利用手机号码注册头条号，其操作更是简单。在此以通过手机号注册为例，介绍其具体操作步骤。

步骤 01　运营者下载"今日头条"APP，下载完成后，进入该 APP 首页，点击页面左上角的"头像"按钮，如图 5-11 所示，进入相应页面。点击手机号注册按钮，如图 5-12 所示。

图 5-11 点击"头像"按钮　　　　　图 5-12 点击手机号注册按钮

步骤 02 执行操作后，进入注册页面，如图 5-13 所示，输入手机号，点击"发送验证码"按钮，如图 5-14 所示。然后输入接收到的短信验证码，勾选"我已阅读并同意'用户协议和隐私条款'"选项，点击"进入头条"按钮。

图 5-13 输入手机号并获取验证码　　　图 5-14 输入验证码并点击相应按钮

步骤 03 执行操作后，即可完成通过手机号注册头条号的操作，运营者注册完成之后，其资料是不完整的，运营者可以在"编辑资料"页面进行设置。

5.1.3 价值：平台粉丝的数据分析

运营者可以前往"主页"中的"粉丝管理"项目栏中查看"粉丝概况"。粉丝概况能让运营者了解自己平台的粉丝，然后有针对性地推送文章，从而获得有价值的粉丝。如图5-15所示为"手机摄影构图大全"头条号近期的粉丝概况。

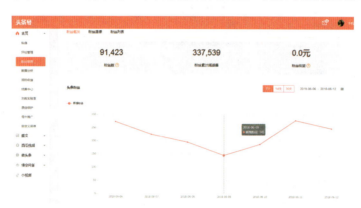

图 5-15 "手机摄影构图大全"头条号近期的粉丝概况

5.1.4 发文：头条号的推文步骤

运营者想要开始着手进行内容编辑，那么首先就要找到编辑内容的区域并新建发表文章。本节以图文内容为例，介绍在今日头条号新建内容的操作方法。

步骤 01 登录头条号进入后台主页，单击左边的"图文"按钮，如图5-16所示，切换到"图文主页"页面，单击"发表文章"按钮，如图5-17所示。

步骤 02 执行操作后，进入"发表文章"页面，如图5-18所示，此时表示已经完成了发表文章的创建，接下来运营者就可以在该页面编辑文章内容了。

图 5-16 单击"图文"按钮

图 5-17 单击"发表文章"按钮

图 5-18 "发表文章"页面

5.1.5 维权：平台保护原创版权

在今日头条平台上，单击"原创保护"按钮，即可进入"原创维权"页面，通过该页面的相关操作可以保护自身原创作品的版权。关于今日头条平台的原创维权，其升级和优势主要表现在以下3个方面。

1．"全网监测"：脱离局部维权的藩篱

过去，所有平台进行的一系列原创保护措施都是在平台内部进行的，因此，只能实现自纠自查、局部维权。而自从头条号"原创保护"功能推出之后，作者维权的方式和范围发生了以下巨大变化。

- 从方式上来看，从自纠自查转变为抄袭发生6小时内监测抓取；
- 从范围上来看，从局部、个别平台维权转变为跨平台全网维权。

从此，在作者维权方面，对平台和原创作者而言，明显更省时省力，且是依靠先进的信息监测技术来完成的，版权维护在效果上也有了显著成效。

2. "快速删文"：避免更大范围内传播

在"全网监测"功能基础上，维护作者的权益首先应该让侵权的文章快速消失，以避免在更大范围内传播侵权文章，这在今日头条平台上可以利用"快速删文"功能来实现。

所谓"快速删文"，即头条号与专业第三方维权机构（如中国版权保护中心、维权骑士等）合作，在抄袭文章被抓取后，可在 24 小时内删除抄袭的文章，还原创作者一片晴朗的创作天地。

3. "维权赔付"：沟通侵权方处理赔付

今日头条这一内容平台，通过版权维权可为原创作者赢得收益，这是通过其"维权赔付"功能来实现的。所谓"维权赔付"，即原创文章作者在与平台授权签约的情况下，与今日头条合作的"快版权"这一第三方维权机构会追溯侵权的文章，并与侵权方沟通赔付事宜，在沟通失败的情况下，甚至会提起诉讼。在这一过程中，尤其受原创作者关注的是，"侵权赔付"行为是免费的，不需要原创作者负担费用。

5.2 内容推广：提高推荐和阅读

新媒体运营者运营头条号，想要得到很好的推广效果，离不开推荐量和阅读量。而这两大量是许多运营头条号的作者最头疼的地方。下面介绍几招能够提高推荐量和阅读量的方法。

5.2.1 消重：知晓内容推荐量的来由

本节从今日头条推荐机制最初的处理过程——"消重"出发来进行介绍，从而让用户更深刻地理解自身推送内容为什么没有推荐量的原因。

1. 优势：避免重复推荐内容

在"消重"这一概念范畴中，"重"指的就是重复、相似，当然，这里的重复、相似可以从以下两个方面来理解。

- 文章内容方面：指的是文章内容的文字、图片和视频等内容元素存在相同或高度相似的地方，特别是一些有关概念、基础理论知识和地方特色等方面的文章内容，是极有可能存在相似之处的。

- 文章主题方面：指的是文章的中心思想存在相同或高度相似的地方，如两个专注摄影领域的头条号，如果其内容是关于同一类事物的摄影构图方面的内容，那么就表示其存在主题上的相似之处了。

在这样的消重机制下，对于用户来说，他能看到的也只是代表了原创的、最有价值的内容，这对于用户和头条号创作者来说都是极为有益的，具体表现在 4 个方面，如图 5-19 所示。

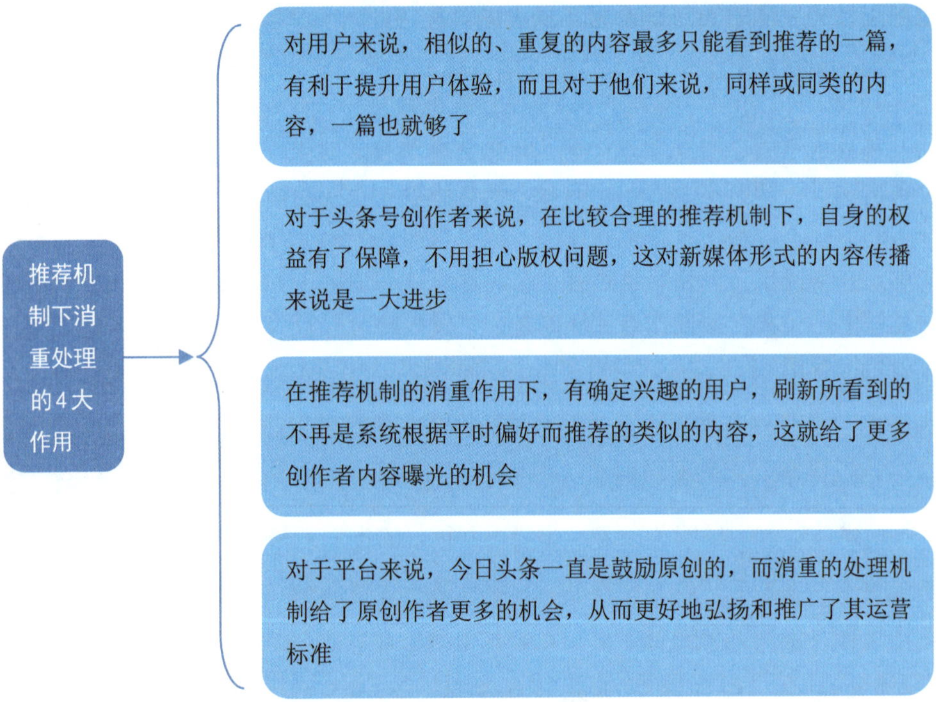

推荐机制下消重处理的 4 大作用

- 对用户来说，相似的、重复的内容最多只能看到推荐的一篇，有利于提升用户体验，而且对于他们来说，同样或同类的内容，一篇也就够了
- 对于头条号创作者来说，在比较合理的推荐机制下，自身的权益有了保障，不用担心版权问题，这对新媒体形式的内容传播来说是一大进步
- 在推荐机制的消重作用下，有确定兴趣的用户，刷新所看到的不再是系统根据平时偏好而推荐的类似的内容，这就给了更多创作者内容曝光的机会
- 对于平台来说，今日头条一直是鼓励原创的，而消重的处理机制给了原创作者更多的机会，从而更好地弘扬和推广了其运营标准

图 5-19　推荐机制下的消重处理 4 大作用介绍

2．操作过程：通过算法来消重

从上文可以看出，在头条号平台推送内容，首先就要通过消重机制的检验，然后才能决定是否能被推荐给更多的用户。而头条号创作者和运营者要做的就是如何才能让自身在消重机制下不会泯然其中。其实，有因才有果，要想不被消重，就只有深刻了解和掌握消重机制中的算法。

通过机器消重，首先要进行的处理就是把文章内容的文字、图片、标题等用一串串的数字代码代替，然后将这些数字代码进行对比，以此建立起消重处理的基础。

通俗地说，这些数字代码所组成的信息就犹如人的身份证，它是计算机应用领域里常用来判断信息重复性的方法。而在计算机系统中，每一篇文章都有它特有的"身份证"，如果内容不相似或不相同，那么，"身份证"也就会不同。就这样，机器系统通过判断头条号文章的"身份证"是否相同或相似，就可以对比得出内容消重的结果。

那么，在机器系统消重中，主要可以根据哪些方面来实现呢？具体说来，主要表现在 3 个方面，如图 5-20 所示。

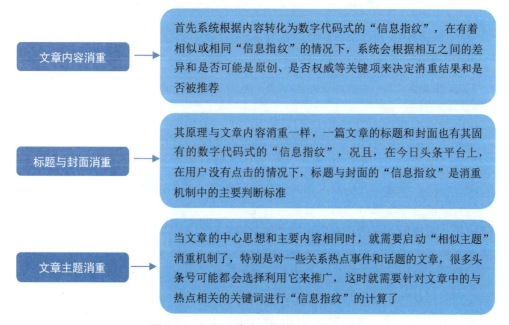

图 5-20 机器系统消重的算法和类别介绍

针对以上机器消重算法，运营者要做的是采用相应的方法尽量避免被消重，具体方案如下。

- 针对文章内容消重，头条号应该尽量展开优质内容的原创工作。
- 针对标题与封面消重，头条号最好是避开标题套路，写出有创意的标题。
- 针对文章主题方面，头条号不应一味追逐热点事件和话题，而应谨慎操作。

5.2.2 推荐：清楚文章的目标用户

机器头条的机器推荐系统是一个实现文章与用户匹配的推荐系统，下面将介绍其对用户的理解。

众所周知，今日头条的机器推荐系统实现的是个性化推荐，它会给每一位用户推荐其可能感兴趣或与其兴趣相符的内容。那么，它是怎样解读文章的匹配用户的呢？

今日头条实行的是精准的个性化推荐，它对用户的认知是非常充分的，是建立在对大量数据进行分析而得出的用户结果的基础上的。具体说来，主要包括3个方面的数据，如图5-21所示。

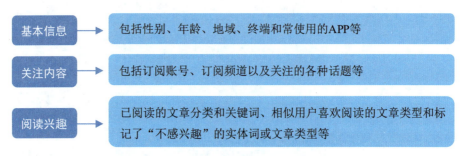

图5-21 机器系统对用户识别的3项数据分析

通过图5-21所示的3项数据，可以让系统对用户的阅读兴趣有一个大体的把握。当然，这些用户数据的判断，是建立在有着较大信息流的基础之上的。这里的较大信息流主要包括两个方面，一是从时间角度来说，用户使用头条号的时间越长，系统所获得的用户数据信息也就越多；二是从用户数量角度来说，使用头条号的用户越多，那么系统所获得的数据信息也就越多。

经过了时间和用户数量的数据信息积累，今日头条平台的机器系统对用户的兴趣判断也就会越精准，从而能够得出更加清晰的用户画像，最终寻找到某一篇或某一类文章的目标用户并进行内容的推送。

5.2.3 营销：病毒式的大范围传播

在计算机和生物界，"病毒"都是一种极具传播性的东西，而且还具有隐蔽性、感染性、潜伏性、可激发性、表现性或破坏性等特征。在内容运营中，病毒式推广却是一个好的方式，它可以让头条号内容大范围传播到许多人群中，并形成"裂变式""爆炸式"或"病毒式"的传播状况。

在运用病毒式推广内容时，可以采用如图5-22所示的策略。

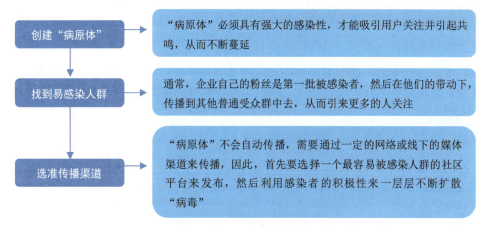

图 5-22 内容电商的病毒式推广策略

5.2.4 分析：大数据实现精准化推广

精准化推广主要是借助大数据的分析能力，将用户群体按照一定的分类方式进行分类，从而使产品更有针对性。在今日头条平台上，精准推广的基础就是大数据，一般包括阅读数据、关注数据和其他数据，基于这些数据，系统可将用户群体按照一定分类方式进行分类，可实现解析用户需求的目标，从而创作内容。

对于头条号来说，主要就是需要用户流量，而用户流量的网络表现就是数据，所以头条号的内容推广与大数据是紧密相连的。大数据的出现影响了市场的环境，也就促使头条号进行相应改革，相关分析如图 5-23 所示。

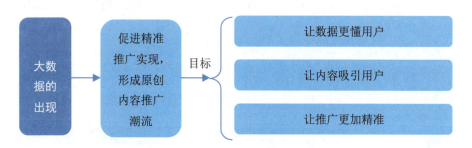

图 5-23 大数据对内容电商影响的相关分析

在头条号的实际运营中，大数据的分析功能至关重要，通过"内容营销＋大数据"的模式，可以运用智能推荐算法和消费者画像数据等，对接消费者的需求和爱好。

5.2.5 包装：两大方法增加曝光度

对于内容运营来说，它终归还是要通过盈利来实现自己的价值。因此，内容的变现就非常重要，否则难以持久。要实现内容变现，首先就要学会包装内容，给内容带来更多的额外曝光机会。给内容进行包装的方法有以下两种。

1. 借助明星光环

借助拥有大量粉丝的明星和大V博主之手，可以促进头条号内容推广来实现更好的运营效果，其优势如图5-24所示。

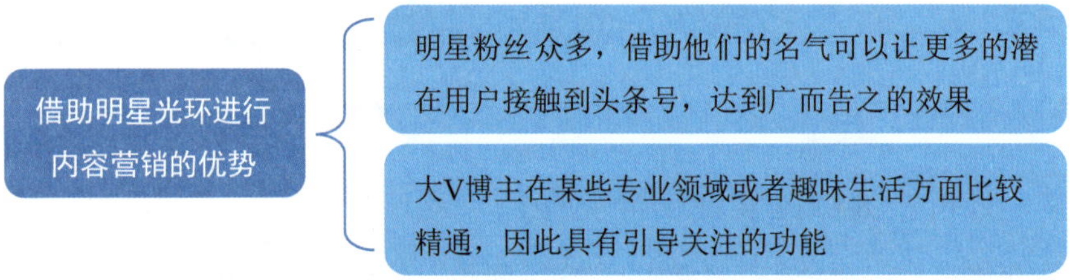

```
                        ┌─ 明星粉丝众多，借助他们的名气可以让更多的潜
借助明星光环进行          │   在用户接触到头条号，达到广而告之的效果
内容营销的优势       ┤
                        └─ 大V博主在某些专业领域或者趣味生活方面比较
                            精通，因此具有引导关注的功能
```

图5-24 借助明星光环进行内容营销的优势

通过将内容与明星某些特点相结合，然后凭借明星的关注度吸引消费者的眼球，这是内容推广惯用的手法。

2. 进行强强联合

在这个移动互联网时代，每个用户使用的移动平台媒介都不同，根据自身的习惯，有的人喜欢用微博分享信息、有的人喜欢用QQ聊天、有的人喜欢逛贴吧、有的人喜欢看视频……

正是因为移动端的繁杂性和人们使用习惯及行为的不同，才导致单一的内容推广很难取得很好的效果，因此，企业可以和其他平台或企业进行强强联合，制造一个更强的运营圈和区域。

5.3 注意事项：文章推送的忌讳

建议运营者在今日头条平台上进行一段时间的推文导粉后，做一次疑问总结。总结出运营推文时出现的问题和有疑问又找不到解答的地方，并针对这些问题和疑问，采取措施改进推文，以达到想要的效果。

5.3.1 影响：标题取名须知

标题除了吸引眼球的作用，还能影响到文章的发布。因此，有必要再次强调标题是头条号运营推文的重中之重。运营者在取标题时应该注意以下方面。

1．标题的内容问题

头条号虽在"发文规范"里关于标题内容说明了几点，但运营者还应该注意以下问题，如图 5-25 所示。

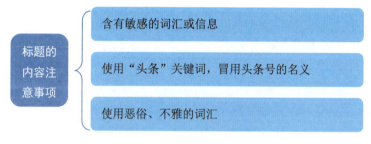

图 5-25　标题的内容注意事项

2．标题的取法问题

吸引标题党最简单的方法就是夸张取法，但这在头条号上是被规范的。因此，运营者应格外注意以下事项，如图 5-26 所示。

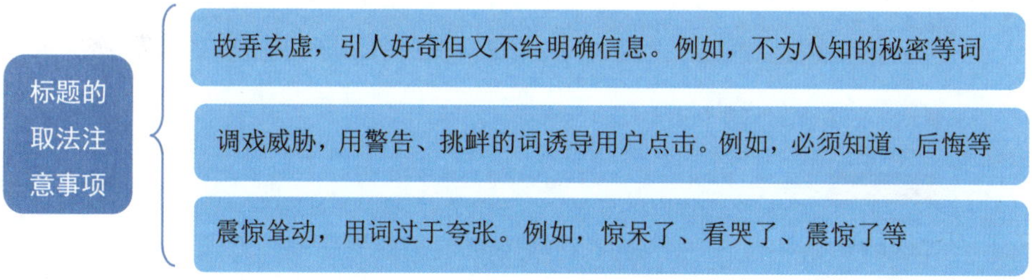

图 5-26　标题的取法注意事

5.3.2 要求：设计图片水印

头条号的运营文章里也有许多图片采用加水印的方法进行推广，但如果文章内容里含有以下图片或水印将会被系统退回并要求修改。

- 含有二维码图片或二维码推广图片，含有广告的图片。
- 含有营销性质的电话号码等联系方式，除美食、旅游、热线、政府机关等正规的联系方式。
- 含有广告或广告网站的链接。例如，淘宝、网盘、购买等链接。
- 含有多个链接，不论是不是广告，一般不能超过 5 个。
- 盗用今日头条的 Logo 及其他信息。

5.3.3 版式：文章排版要求

在软文运营中，排版是推广的关键因素之一，因为文章内容的美观和舒适度可以增加用户停留读文的时间。但是在今日头条的头条号里，不建议对文章进行传统的首行缩进和其他排版，有两点原因。一是今日头条推出了 APP 客户端，无版式在手机上阅读会更整齐美观。二是今日头条会还原成无版式状态。运营者如果在编写运营文章时，进行首行缩进、段落空行等操作，文章发布成功后，版式不会有所变化，而且还会耽误最佳的发文时间。

虽然文章内容不用进行精美的排版，但是每一个段落的内容尽量不要太多，可以选择 5 ~ 10 行分一个段落，以防审核时被认为是码字。

5.3.4 引导：广告引语要隐蔽

在头条号发文，运营者可以适当地加入广告对自己的产品进行宣传或吸粉引流，但是无论是新手号还是已经转正的账号，都不能在发布的内容里加入明显的广告引导语，否则头条号不会对文章予以推荐，如图 5-27 所示。

图 5-27 明显的广告引导语

5.3.5 修改：避免文章反复改写

由于头条号的文章审核非常严格，许多运营者看到文章成功发布后没有高的推荐量和阅读量，会想去修改文章。其实，运营者对文章进行小修小改是可以的，但是不能反复修改。

平台的建议是修改次数不能超过3次，如果文章修改次数达到3次或超过3次，系统不会再给文章推荐。因此，运营者在发布文章时要反复检查文章标题和内容，以免修改次数太多。

5.3.6 认识：遵从机器推荐系统

所谓推荐系统，其实质就是机器对文章的阅读，当然，这种阅读与日常生活中的阅读不同，它具有高速、针对性识别等特征。其中，所谓高速，就是针对今日头条平台的5亿用户信息流，机器推荐系统都能较好地完成阅读任务。

而针对性的特征识别，是机器了解推送文章的工作方法和途径。那么，它究竟是怎样进行特征识别的呢？这是可以通过很多维度来实现的，其中比较重要的就是"关键词"这一维度。

从关键词这一维度来说，机器推荐系统会根据两大原则从众多的内容中抓取一些词语作为关键词，具体如图5-28所示。

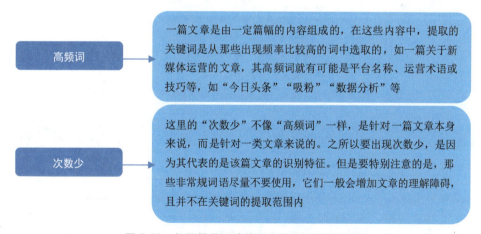

图5-28 机器推荐系统的两大关键词判定原则

系统完成了关键词的判定后，就会将这些关键词与文章分类模型进行比对，从而得出这些关键词与哪一类关键词库中的关键词符合度高，那么该篇文章就会贴上那一类的标签并进行推荐。

5.3.7 规范：文章的过审准则

前面已经介绍了文章的审核规范，这些都是通过审核必须要掌握的。另外，在通过审核的过程中，尽管其时间的长短是不影响推荐量的，但是让审核快速通过，是更好地准确把握发布时间的条件，因此，运营者要做的是思考如何快速通过审核，做法列举如表 5-1 所示。

表 5-1 头条号推送文章快速过审的做法列举

过审方面		内容
规范标题	避免格式上的错误	(1) 除网络用户或一语双关外，不能出现错别字； (2) 要保证表意完整、通顺，不能影响读者阅读； (3) 要正确使用标点符号，且不要插入特殊符号； (4) 标题中所有汉字都需要使用规范的简体中文
	注意标题内容质量	(1) 不要包含一些系统不允许的特殊敏感词语； (2) 要避免恶俗化，且避免使用色情、粗俗词语
原创内容	格式方面要规范	(1) 正文中汉字必须使用简体中文； (2) 正文中不要出现乱码； (3) 正文要在段落、标点方面要合理、清晰
	内容方面要优质	(1) 发布的文字和图片要具有完整性，以免给读者带来阅读困扰； (2) 文章内容要具有时效性； (3) 正文不要发布低俗内容； (4) 正文内容要避开敏感信息
推广信息	推广类信息不发布	一些含有二维码、电话号码、广告图片、广告链接等推广元素的文章不能发布
	恶意推广信息不发布	收藏、健康、手表和其他一些类别的推广类信息不能发布

5.4 留存促活：今日头条的运营

随着今日头条号的群体不断发展，用户可以选择的范围也越来越大，因此，对头条号个体而言，如何在获得大量粉丝的情况下留住用户，并让他们不断地关注头条号是运营工作的重中之重。本章就介绍对用户进行留存和促活的各种技巧，希望对广大运营者有所帮助。

5.4.1 要点：抓住用户痛点

粉丝画像的构建完成之后，接下来就是了解用户需求和抓住用户痛点了。这些可以利用多种方式来完成，一方面，可以充分利用头条号平台本身来操作，如查看用户留言和评论、引导粉丝互动等；另一方面，可以在线下和线上进行问卷调查更直观地了解用户需求，提取他们的痛点，找到用户关心的问题。如图 5-29 所示为用户对头条号"手机摄影构图大全"已推送内容的几条评论。从图中可知，有用户对怎样用手机拍摄出背景虚化的图片感兴趣，基于此，头条号创作者和运营者可以针对拍摄虚化背景的微距图片的操作进行详细的讲解，推出一篇内容，这样的内容一定是满足了用户需求痛点的内容，一般会获得大量用户关注和轻松获得用户的好感。

图 5-29　头条号"手机摄影构图大全"的用户评论

抓住用户痛点，还可以通过更多地与用户主动联系来解决，并通过沟通过程中的用户信息总结，寻找他们的需求共同点，这样的结果不仅是有助于推送内容的选择的，还有助于从大局出发把握内容的整体协调性，吸引更多的同类粉丝关注。

5.4.2　关键：创造爆款软文

今日头条有一个与微信公众号平台完全不同的地方，那就是微信公众号推送的软文内容的第一次传播就只是公众号的用户，而头条号推送的软文内容的第一次传播是由推荐量决定的，如果推荐足够多，在粉丝少的运营阶段，也是可以瞬间打造爆款，引导大量用户阅读和关注的。因此，只要你的头条号内容有足够的吸引力和价值，想快速引导流量也就不再是一句空话。

首先，从吸引力方面来说，一般需要头条号图文内容具备 3 个条件，即在标题、封面和关键词方面有吸睛点，其中关键词可以通过加入标题或显示在封面图片中来实现引流的目的。

1. 标题

一般来说，软文内容吸引用户注意的第一因素是标题，这也是用户在浏览网页时第一眼会注意到的，它决定了软文的阅读量和打开率。只要标题有足够吸引力，或是在标题上利用悬念或疑问等引起了用户的好奇心，或是用数字呈现软文内容的要点，或是在标题上加上了击中用户痛点的关键词，等等，这些都是一个好的软文标题的要求和表现。

如图5-30所示为在标题中利用疑问来引起用户好奇心的软文案例。

图中软文的标题，打破了人们普遍的认识，告诉读者雨天一样能拍好照片，引起了读者的兴趣。

图5-30　利用疑问引起好奇心的软文标题

2．封面

软文的封面同样是内容推荐显示的醒目要素。对软文封面来说，其吸引力主要由以下两方面决定。

首先，当封面图片只有图而无文字时，美观、简洁就是其首要条件，特别是关于对图片有高要求的摄影、旅游等领域的软文，如图5-31所示。

图5-31　图片中无文字的软文封面

其次，从价值方面来说，要成功实现引流的软文需要把握好内容的大方向，也就是说，爆款软文应该具备以下3个特点。

1) 内容要有特色

关于头条号平台的内容，运营者要把握好以下两个要点，才能打造内容特色。

- 个性化内容：个性化的内容不仅可以增强用户的黏性，使之持久关注，还能让自己的头条号脱颖而出。
- 价值型内容：运营者一定要注意内容的价值性和实用性，这里的实用是指符合用户需求，对用户有利、有用、有价值的内容。

2) 增强内容的互动性

通过今日头条平台，运营者可以多推送一些能调动用户参与的积极性的内容，将互动的信息与内容结合起来进行推广，单纯的互动信息推送没有那么多的趣味性，如果和内容相结合，那么就能够吸引更多的人参与其中。

3) 激发好奇心的内容

运营者想要让目标用户群体关注头条号，那么从激发他们的好奇心出发，如设置悬念、提出疑问等，往往会有事半功倍的效果，远比其他策略要好得多。

5.4.3 引流：借助视频内容

与软文一样，短视频内容作为今日头条平台一项重要的内容形式，也是能够实现快速引流的。且相较于软文内容而言，短视频带给读者的视觉冲击力将更大。当然，对短视频内容而言，其标题与封面在引流方面的重要性不言而喻，如果想要培养更多的忠诚用户，视频内容的优质明显更重要。

打个比方，如果运营者推送的是一个有关现场表演书法的视频。相对于图文内容来说，它比文字的阐述明显更直观，比图片更具真实性，因此，只要视频内容中展现的书法确实好，那么是很容易让用户心动，进而实现关注的。

当然，只要视频中的内容有价值，或是有趣，或是有用，都能成为引导用户关注的途径。

另外，在视频内容中存在正义点或槽点时，用户是乐于与头条号互动的，或者是在推送视频时，在评论中加入评论引导语，如"大家有什么关于××方面的问题或观点，可以联系××一起交流"，这些都是能吸引用户关注的有效方法。

5.4.4 互动：运用私信功能

在微博、微信公众号平台上，都是有私信功能存在的，而在今日头条平台上，专门设置了"私信"菜单，如图5-32所示。

图 5-32 头条号"私信"功能

这一菜单的设置，为吸粉引流的实现从以下两个方面提供了便利。

一是那些因为某一原因想要发私信的用户，在发送之前是必须关注头条号的，这样才能在手机客户端通过"发私信"按钮发送私信。

就这样，每一个发私信的人就会成为你的用户，当然，这还只是它的第一个引流的便利之处。此时，有些用户通过发私信获得了他所需要的东西之后，有取消关注的可能，而"私信"菜单中的回复内容就能通过介绍自己的头条号来提供第二个便利，从而提升用户黏性。

在这样的两重便利之下，用户成为头条号的粉丝以及忠实粉丝也就大体成功了，其吸粉引流的过程是容易操作的，而其结果也是可期的。因此，在头条号运营过程中，可积极通过这一菜单来涨粉。

5.4.5 精选：设置自定义菜单

一个头条号，假如运营的时间长了，发布的内容多了，用户此时想要查找一系列的内容会比较麻烦，头条号就针对这一问题，提供了一个"自定义菜单"功能，有助于帮助用户查找内容，同时也有利于运营者把优质的"精选内容"进行归类，以便吸引粉丝和增加用户黏性。

在"自定义菜单"页面，可以设置的一级菜单，最多可有 3 个，当然，运营者可根据自身内容来安排，如图 5-33 所示。

图 5-33　自定义菜单设置页面

除此之外，菜单可能还承担着"互动功能"，也就是说，运营者设置的菜单主要是用来与用户互动的。这些都与粉丝运营息息相关。可见，头条号创作者和运营者设置自定义菜单的目标，除了更好地规划内容和提升用户体验这两个可见的目标外，其最终目的还是吸粉引流。

5.4.6　控制：消除负面回复

许多事情的解决都是有技巧的，如果掌握了技巧，不但能提高办事的效率，更能取得相对较好的效果。消除用户的抱怨也是如此，只要运营者掌握了社交技巧，从合适的角度进行沟通，不但可以平息用户的怨气，还能让用户对运营者产生好感。

1. 展示不足：大胆承认，勇于不断前进

在运营过程中，由于各种原因，总是会出现一些错误或疏漏之处，对这些问题，我们要勇敢地承认，而不能避而不谈。

你承认了，那就会下意识地去改进，并在后来的运营工作中时刻加以注意，这样可以避免在后来的工作中出现同样的问题。如此，用户既看到了你的不足，也看到了你的进步，可以很清楚地了解到平台账号的运营是在成长的，这样就能在很大程度上提升用户的好感和黏性，有利于留住用户。

2. 用户角度：更好理解，让感情共鸣

我们的运营工作，并不是能得到所有用户的喜欢的，即使所有用户都喜欢，

但也不能保证每一次的运营成果和宣传消息都能让用户认同。此时，在用户群体中出现的消极声音，运营者也应该予以理解，而不能以同样不好的态度回击。

在这样的情况下，我们一方面可以有理有据地从侧面委婉地回答，另一方面可以引导用户关注平台的后期表现，以期让用户运营，这样在给予用户充分尊重的情况下，提升了用户的关注度，成功地为平台留住了用户。

另外，如果用户有某一方面的要求，假如能做到的话，可以在合理范围内尽量满足；如果不能做到，那么首先要以理解的方式说明对方要求的合理性，然后再说明做不到的理由。

运营者做到了这些，用户在看到回复的时候，对平台的好感就会倍增，这样继续留在平台的可能性还是很大的。

5.4.7　征求：多方聆听意见

学会倾听，是一个人需要学会的特质，对运营者来说更是如此。当然，这里的学会倾听，不仅表现在被动的倾听上，还表现在主动地要求倾听上，也就是说，运营者要有向用户征求意见的想法，从用户出发，为用户而运营，最终实现为用户服务的目标。

有什么没有想到的，做得不好的，都可以向用户征求意见，以便在后来的工作中找到更好的解决办法来提升平台。当用户的众多建议都在平台的运营中得到了落实，不仅对平台自身有着巨大的意义，而且对用户而言，平台的建设也有着他们的参与，更觉与有荣焉，容易让用户产生一种"我与平台同在"的归属感。这样的用户，足可称得上是"铁杆粉丝"了。

5.4.8　活动：让用户积极参与

想要让用户活跃起来，利用活动是一种比较有效的方式。一般说来，只要是活动，就在促进用户活跃上有一定的影响，只是这种影响有大有小。而我们运营过程中一般会选择那些能极大地活跃用户的方法，在此，简单介绍人们常见的促活用户的活动，如图 5-34 所示。

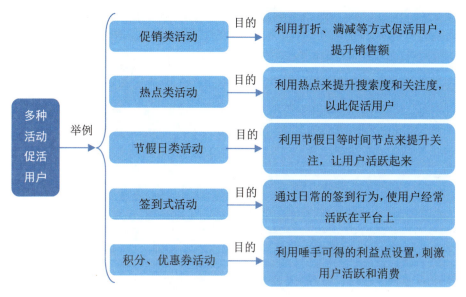

图 5-34 多种活动促活用户介绍

5.4.9 激励：发送物质福利

除了活动外，企业和商家制定用户激励机制也是一种必要的促活用户的技巧，一般包括物质、精神等方式，在此介绍利用物质激励机制促活用户的方式。

这里的"物质"既可以是具体实体的物质，也可以是虚拟的物质，利用不同形式的物质进行用户促活，是众多企业和商家选择的方式，具体分析如图 5-35 所示。

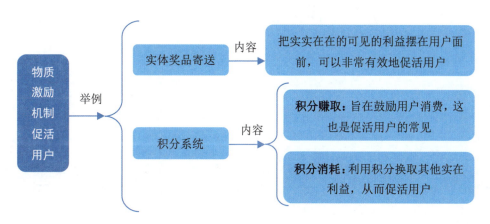

图 5-35 物质激励机制促活用户分析

第 6 章

海量引流：短视频与新媒体平台运营

学前提示

对于运营者来说，粉丝的数量是运营中最能体现运营效果的一个指标。因此，在新媒体运营中，运营者应该接触更多的新媒体平台，以此获取更多粉丝，拓展自己新媒体运营的道路。

本章将从抖音、快手等一些新媒体运营平台进行讲解和分析。

要点展示

- ▶ 抖音视频：专注新生代的音乐视频平台
- ▶ 快手视频："接地气"的短视频社交平台
- ▶ 其他平台：多种优质社交文化视频集锦
- ▶ 矩阵平台：新媒体营销运作的引流技巧

6.1 抖音视频：专注新生代的音乐视频平台

"抖音短视频"作为一个别具特色的短视频平台——专注新生代的音乐短视频社区，是与今日头条相关联的一个重要的视频平台，它在 2018 年春节期间吸引了高达 6000 万的用户关注。关于这样的一个拥有大流量的视频平台，运营者又怎能舍弃呢？本节将对抖音短视频的一些基本操作和引流技巧进行详细介绍。

6.1.1 管理：抖音号的平台与用户

关于抖音短视频平台，如果想要提升自身抖音号发表的视频播放量，首先就要进行有效管理。一般来说，可从对内、对外两个方面着手进行。

所谓对内方面，就是抖音号上"我"的页面管理。具体来说，除了视频内容，主要还包括 3 个方面的内容，即账号管理、邀请好友和分享主页。

1）账号管理

在"我"页面，可以点击右上角的 ┅ 按钮，此时，在弹出的页面中包括"个人资料""我的二维码""我的钱包"和"设置"4 个选项，选择相应选项即可进入相应页面，然后一一按照提示进行设置即可，如图 6-1 与图 6-2 所示。

图 6-1 抖音号的"个人资料"页面与"我的钱包"页面

图6-2 抖音号的"设置"页面与"我的二维码"页面

2)邀请好友

在"我"页面，点击右上角的 按钮，即可进入"邀请好友"界面，如图6-3所示。运营者可以在该页面上通过"从通讯录导入""邀请QQ好友"和"邀请微信好友"3种方式邀请好友，达到多平台导流的目的。完成邀请后，即可建立双方在抖音上的互动关系——查看对方发布的抖音作品和喜欢的视频。

3)分享主页

在"我"页面，点击右上角的"分享主页"按钮即可弹出相应页面，在该页面上用户可以选择主页分享的方式和位置，如图6-4所示，这也是利用多平台导流的途径。

图6-3 "邀请好友"页面

图6-4 主页分享的方式和位置

6.1.2 准备：4种抖音视频拍摄方式

作为一个音乐短视频平台，音乐是构成视频内容的重要方面，利用平台上的各式各样的音乐，抖音号运营者可以通过4种方式拍摄视频，即拍摄同款、选择音乐拍摄、故事相机拍摄和抖音尬舞机拍摄。本小节以拍摄同款和选择音乐拍摄为例进行介绍。

1. 拍摄同款

用户在浏览抖音平台视频内容时，有时看到感兴趣的或有想法要表达的内容，就可以通过"拍摄同款"的方法来拍摄具有相同背景音乐的视频了。在此就其具体的操作方法进行介绍，步骤如下。

步骤 01 进入"抖音短视频平台"APP首页，选择感兴趣的视频进行观看，点击右下角的"原创背景音乐"按钮，如图6-5所示。进入相应页面，点击下方的"拍同款"按钮，如图6-6所示。

图6-5 点击"原创背景音乐"按钮

图6-6 点击"拍同款"按钮

步骤 02 执行操作后，进入视频拍摄页面，设置拍摄方式为"单击拍摄"，设置拍摄速度为"极快"，点击屏幕底端红色按钮进行拍摄，拍摄完成后点击屏幕底端☑按钮，如图6-7所示。执行操作后，各段视频进行合成，然后进入视频编辑页面进行编辑，在该页面上可以对拍摄的视频进行"特效""选封面"和"滤镜"方面的编辑。编辑完成后点击"下一步"按钮，如图6-8所示。

步骤 03　执行操作后，进入"发布"页面，设置发布视频的相关信息，然后点击"发布"按钮，即可完成视频的发布操作，如图6-9所示。

图6-7　拍摄短视频页面　　图6-8　编辑视频页面　　图6-9　视频发布页面

2．选择音乐拍摄

用户在抖音上拍摄视频时，还可以根据需要选择平台提供的背景音乐进行拍摄。在此将介绍选择音乐拍摄的步骤，内容如下。

步骤 01　进入"抖音短视频平台"APP首页，点击下方中间的 + 按钮，如图6-10所示，进入拍摄页面，在屏幕上方点击 按钮，进入"选择音乐"页面，点击音乐类别区域右下角的 ••• 按钮即可，如图6-11所示。

图6-10　点击 + 按钮　　　　图6-11　"选择音乐"页面

步骤 02 执行操作后，进入音乐类别页面，在其中选择一种类别进行点击，在此点击"校园"按钮，进入"校园"页面，如图6-12所示。选择需要的配乐，此时会出现"确定使用并开拍"按钮，点击该按钮，如图6-13所示。

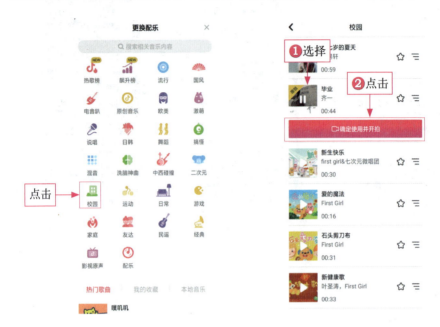

图 6-12 点击"校园"按钮　　图 6-13 点击"确定使用并开拍"按钮

步骤 03 执行操作后，即可进入拍摄视频页面，然后就可按照"拍摄同款"中的步骤2~3完成视频拍摄、编辑和发布。

6.1.3 方法：轻松获取内容素材途径

关于视频内容的创作和素材的获取，是很多视频运营者感到迷茫的地方。在此介绍以下4种获取视频素材的途径。

1. 搬运短视频 APP 内容

短视频内容是新媒体领域内的重要内容形式之一，随着短视频平台和关注用户的增多，各个短视频 APP 上的内容可以说是种类繁多，并涉及了生活和工作的各个方面，基本可以满足不同兴趣爱好的用户的需求。而这些 APP 上的短视频是完全可以搬运过来作为视频素材的，当然，这样的视频是不能称之为原创的，但视频素材选择得好，还是可以起到吸粉引流的作用。

2. 国内外视频网站内容

除了短视频 APP 以外，国内外的视频网站上也是拥有大量的、不同类别的视频的，如腾讯、优酷等视频网站上，就有几十种类型。其中的视频内容都是可以作为视频创作者用来剪辑加工的视频素材的。而且，与直接从短视频 APP 上下载的素材不一样，利用从视频网站上下载而来的视频素材经过剪辑加工后还是可以申请原创的。因此，这不失为一种便捷的、优质的视频素材获取途径。

3. 来源于经典电影片段

自从电影诞生以来，出现了众多经典影片，其中必然有你喜欢的，且在看到影片中的某一片段时，还会有自身的一些感悟和观点。这些自身的感悟和观点都是可以作为短视频素材来源内容的，把它们录制下来，再加上经典影片片段，就很容易打造一个受人喜欢而又是原创的短视频了。

4. 自身实践拍摄视频

除了上述 3 种方法可以获得视频素材外，还可以通过自身拍摄视频来完成获取素材这一视频制作的准备工作。当然，要想自身实践拍摄视频，那么运营者在拍摄技能和视频处理水平上需要精通，这样才能保证发布出来的短视频内容是优质的。

6.1.4 要点：把握成为爆款视频的关键

一般的爆款短视频内容有以下 3 个要点需要运营者注意。

1. "惊"到人

俗话说："物以稀为贵。"同样的，在短视频领域，那些能让人一瞬间感到吃惊的视频，总是会吸引更多人点击播放。因为，既然有"惊"，就表示视频内容已经在某一点上触动了用户，从而会想去探索和了解，进而发生点赞、评论和转发等行为也就顺理成章了。那么，什么样的内容会让人吃惊呢？一般说来，主要有 4 种情况，具体内容如图 6-14 所示。

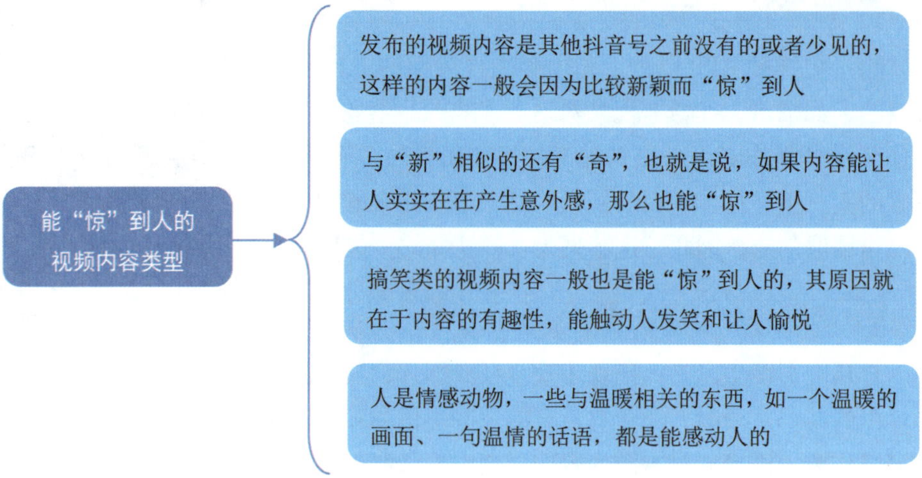

```
                                    ┌─────────────────────────────────────────────┐
                                    │ 发布的视频内容是其他抖音号之前没有的或者少见的，│
                                    │ 这样的内容一般会因为比较新颖而"惊"到人       │
                                    └─────────────────────────────────────────────┘
                                    ┌─────────────────────────────────────────────┐
                                    │ 与"新"相似的还有"奇"，也就是说，如果内容能让 │
  ┌──────────────┐                   │ 人实实在在产生意外感，那么也能"惊"到人       │
  │ 能"惊"到人的 │ ────►              └─────────────────────────────────────────────┘
  │ 视频内容类型 │                   ┌─────────────────────────────────────────────┐
  └──────────────┘                   │ 搞笑类的视频内容一般也是能"惊"到人的，其原因就│
                                    │ 在于内容的有趣性，能触动人发笑和让人愉悦     │
                                    └─────────────────────────────────────────────┘
                                    ┌─────────────────────────────────────────────┐
                                    │ 人是情感动物，一些与温暖相关的东西，如一个温暖的│
                                    │ 画面、一句温情的话语，都是能感动人的         │
                                    └─────────────────────────────────────────────┘
```

图 6-14 能"惊"到人的视频内容类型

2. "颜"动人

关于"颜值"的话题，从古至今，有众多与之相关的，如沉鱼落雁、闭月羞花、倾国倾城等，除了表示其漂亮外，还附加了一些漂亮所引发的效果在内。可见，颜值高还是有着一定影响力的，有时甚至会起决定作用。

这一现象同样适用于爆款短视频打造。当然，这里的颜值并不仅仅是指人，它还包括好看的事物、美景等。从人的方面来说，先化一个精致的妆容后再进行拍摄，更是轻松提升颜值的便捷方法。从事物、美景等方面来说，是完全可以通过其本身的美再加上高深的摄影技术来实现的，如精妙的画面布局、构图和特效等，就可以打造一个高推荐量、高播放量的短视频。

3. "萌"翻人

在互联网和移动互联网中，"萌"作为一个特定形象，奠定了其在用户心中重要的审美地位，同时也得到了很多用户的喜欢，无论男女老少，都有他的忠实粉丝。更不要说在短视频这一碎片化的视频内容中，瞬间的"萌态"和具有"萌态"的事物是能一秒吸睛的，"唯萌不破"说的就是如此了。

特别是在抖音平台上，以"萌"制胜的视频类型和内容不可谓不多。总的来说，包括两种，如图 6-15 所示。

当然，无论是哪一个要点，要想打造爆款都有一个基本点，那就是视频要有用，或是能让人感到愉悦，或是能让人感动，或是能带给人启发，等等，都是视频内容有用、有价值的表现。

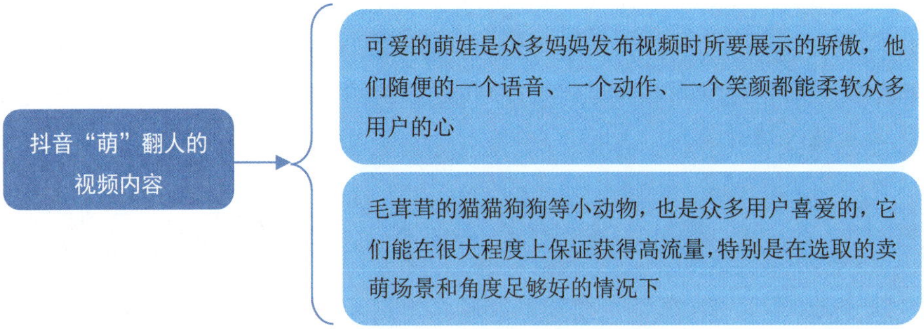

抖音“萌”翻人的视频内容
可爱的萌娃是众多妈妈发布视频时所要展示的骄傲，他们随便的一个语音、一个动作、一个笑颜都能柔软众多用户的心
毛茸茸的猫猫狗狗等小动物，也是众多用户喜爱的，它们能在很大程度上保证获得高流量，特别是在选取的卖萌场景和角度足够好的情况下

图 6-15　抖音“萌”翻人的视频内容类型

6.1.5　引流：积极参与创意挑战赛

在抖音短视频平台上，创意挑战赛早已不再是一个全新的话题和玩法，但是它又是支撑起抖音作为与营销平台合作的主要导流途径和短视频品牌营销的特色。

在挑战赛的创新玩法中，一些知名电商品牌对其有了认可，如图 6-16 所示为京东电器在抖音短视频平台上发起的 # 抖出你的家乡味 # 挑战赛页面。还有许多自媒体人、新媒体平台也纷纷加入其中，发起挑战，吸引了广大抖音用户参与到其中。

如图 6-17 中展示的人民网发起的 # 高考加油！我等你来 # 挑战赛，在短短的两天之内就引发了用户关注和参与其中，有 16 万多抖音用户参与创作短视频，其中很多自发创作的短视频收获了高达几十万的点赞数。

抖出你的家乡味

图 6-16　京东电器 # 抖出你的家乡味 # 挑战赛

高考加油！我等你来
人民网

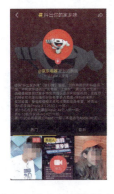

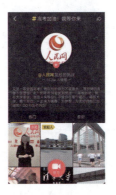

图 6-17　人民网 # 高考加油！我等你来 # 挑战赛

挑战赛的创意玩法使抖音用户这一角色变得活跃和多样化。在主题挑战赛中，用户不再是单一的内容创作者或接受者，而是二者的结合体，用户之间通过抖音平台共处，一方面为活跃活动氛围努力自发创作视频内容，另一方面又通过参与到挑战赛中而获得福利。而抖音运营者要充分利用这一活动，积极参加热门挑战赛，必定能大量引流。

6.2 快手视频："接地气"的短视频社交平台

快手是2011年诞生的一个短视频社交平台，用户可以在快手上发布自己原创的有趣的视频与其他用户分享，只要视频有意思，就能吸引更多关注，被更多用户看到。快手与其他社交平台相比，更加"接地气"，受到广大用户的青睐和一如既往的支持，其对草根阶层的深耕确实值得其他平台学习。

6.2.1 简介：快手短视频的产品特点

快手短视频平台能一直保持着它的火爆程度，有着大量且不断增长的铁杆用户，是因为有着独到之处。如图6-18所示为快手短视频的产品特点。

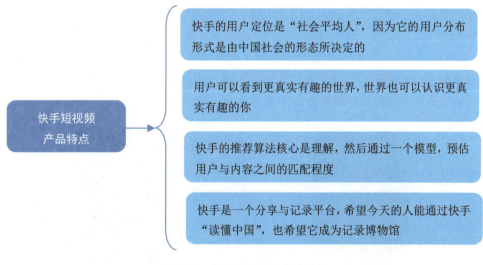

图6-18 快手短视频的产品特点

6.2.2 发布：视频导出与多平台引流

下面将详细介绍在快手平台上发布短视频的方法。

步骤 01　进入快手APP，如图6-19所示，点击页面右上角的摄像头图标，进入如图6-20所示的短视频拍摄页面，点击"相册"按钮。

图6-19　快手APP"发现"页面

图6-20　短视频拍摄页面

步骤 02　执行上述操作后，即可进入如图6-21所示的相机胶卷页面，选择已经存储的短视频，接着会展示短视频的效果，点击"下一步"按钮即可。

步骤 03　执行上述操作后就会进入如图6-22所示的短视频编辑页面，左右拖动底端白色方框，调整需要发送的视频内容和时长，点击"下一步"按钮。

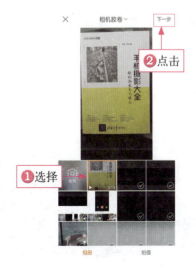

图6-21　相机胶卷页面

图6-22　短视频编辑页面

步骤 04　执行上述操作后，即会出现如图6-23所示的页面，可以点击"滤镜"按钮，在其中选择相应的滤镜效果，这里选择"增强"滤镜，如图6-24所示。

图 6-23　视频编辑页面　　　　图 6-24　滤镜选择页面

步骤 05　为视频选择配乐，点击"配乐"按钮，如图6-25所示，在其中可以选择任意运营者心仪的配乐，在这里选择"欢快"配乐，如图6-26所示。在如图6-27所示处，可自行调节原音与配乐的声音大小。

图 6-25　点击"配乐"按钮　　图 6-26　选择"欢快"配乐　　图 6-27　调节音频声音大小

步骤 06 执行上述操作后，接下来完成特效设置，点击"特效"按钮，如图6-28所示，进入画面特效页面，如图6-29所示。左右滑动时间轴，可自行选择特效开始时间，在这里选择从视频开头开始进行特效设置。选定任意一个特效，长按即可开始特效设置，松开即完成，可重复此操作，特效效果可叠加设置，在这里选择"幻觉"特效，如图6-30所示。点击进入时间特效页面，这里选择"逆转时光"特效，如图6-31所示。

图6-28 点击"特效"按钮

图6-29 画面特效页面

图6-30 画面特效设置

图6-31 时间特效设置

步骤 07 执行上述操作后,接下来完成封面设置,点击"封面"按钮,如图 6-32 所示,进入封面设置页面,如图 6-33 所示,在屏幕底端一排的图片中挑选封面。点击 按钮出现更多的字体选择,选择左起第 5 个字体。输入封面文字"手机摄影大全",如图 6-34 所示,点击"完成"按钮,即完成封面图片设置。

图 6-32 点击"封面"按钮

图 6-33 封面设置页面

图 6-34 进行封面设置

步骤 08 在进行以上操作后,我们还可以对视频进行更多的编辑,点击"更多"按钮,如图 6-35 所示,弹出 4 个选项,如图 6-36 所示。其中"剪切"功能是可以对视频进行剪辑的操作;"贴纸"功能就是俗称的打水印;"文字"功能可以对视频添加文字,可用做对视频内容的说明,或做字幕;"涂鸦"功能是可以选择不同的画笔效果对视频进行涂鸦,以增强视频表现效果。

专家提醒

除了在快手平台上发布与分享短视频之外,还可以通过点击图中的微信朋友圈、微信好友、QQ 好友、QQ 空间以及新浪微博等按钮进行不同渠道的分享。这样一来,短视频的曝光率又会有所提升,从而促进商品的盈利。

图 6-35 点击"更多"按钮　　　图 6-36 更多编辑界面

6.2.3 题材：留心选题库与选题筛选

发布快手视频，首先还需要确定一个好的题材，这是打造爆款视频内容的重要基础。如果运营者不结合周围环境和自身条件来确定选题，而只是纯粹为了创作视频，那么，即使这个视频中表现出来的各种技巧再好、画面再完美，那么，想要打造成爆款视频也不是易事。因此，对于快手运营者而言，视频的选题很重要。

要做好视频选题方面的工作，就需要从以下两个方面加以努力。

1．创建选题库积累选题库

快手视频平台追求推送原创内容，而要想拥有源源不断的原创内容，那么平时的积累非常重要，特别是视频内容，它是基于一定现实场景而制造的。因此，需要运营者在平时的工作和生活中收集选题和素材，并时刻为接下来的视频内容做准备，具体策略如图 6-37 所示。

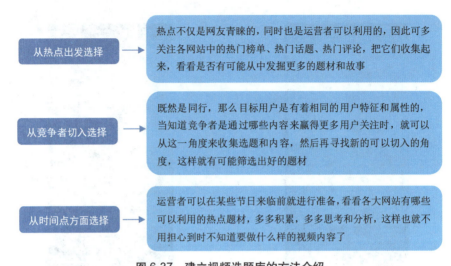

图 6-37　建立视频选题库的方法介绍

2．基于两个方面筛选选题

基于平时积累的选题库中的众多选题，运营者接下来要做的是进行选题筛选，选择一个最有可能打造爆款内容的选题。在选择时，运营者还需要对两个方面进行考虑，一是根据用户可能的心理确定内容方向，二是判断该内容方向的选题是否可行。

首先从内容方向上来说，要求运营者根据用户的心理需求来安排内容：选择什么内容和选择以何种方式表达内容。其次从选题可行性方面来说，运营者需要对完成视频选题的 4 个方面作出判断，如图 6-38 所示。

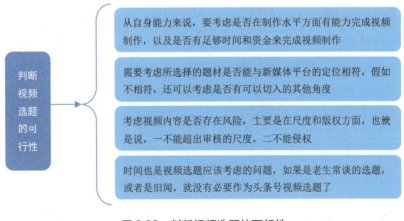

图 6-38　判断视频选题的可行性

6.2.4 封面：决定视频播放量的关键

在快手短视频平台上，要想获得更多流量和利益，那么提高视频的火热度，让大家给予赞赏是最直接的办法。然而要想成为爆款视频，其内容的打造非常关键。而在影响视频内容是否能成为爆款的问题上，一个好的标题和封面是其中的重要支撑。

首先来介绍封面的设置。快手短视频的封面设置可从 3 个方面去思考，或是画面最美，或是最奇葩，还可以是能引人争议的，像这样的封面，一般是能让人去点击播放的。如图 6-39 所示为快手 APP 上的一些视频封面展示。

图 6-39　快手平台上的视频封面展示

关于视频的标题设置，虽然新媒体平台的运营有很多关于文章标题设置的套路，这些都是可以应用在快手视频内容的标题上的。同时，在设置视频标题时，还应该注意根据内容类型的不同分别添加关键字，这样的做法在快手视频平台上比较常见，举例介绍如图 6-40 所示。

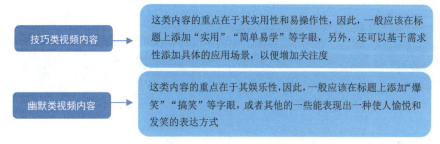

图 6-40　快手视频平台上不同类型的视频内容的标题设置

当然，在设置封面和标题时，最好二者能结合起来表达一个主题、一种氛围，这样能在很大程度上加深用户对视频内容的第一印象，吸引他们去观看。

6.3 其他平台：多种优质社交文化视频集锦

对于内容创业者来说，只有全面把握各种社交化的短视频平台，才能更好地将内容呈现给用户，深入用户内心。

6.3.1 优酷：贴心体察用户兴趣的平台

优酷是国内成立较早的视频分享平台，其产品理念是"快者为王——快速播放，快速发布，快速搜索"，成为互联网视频内容创作者的集中营，如图6-41所示为优酷首页。

优酷还推出了"原创"和"直播"等频道，吸引那些喜欢原创并且热爱视频的用户。在"原创"频道中，有很多热爱视频短片的造梦者，他们不断坚持并实现自己的原创梦想，诞生了一大批网红IP，同时他们也为优酷带来了源源不断的原创短剧。

图6-41 优酷视频首页

6.3.2 爱奇艺：注重用户体验的平台

爱奇艺成立于 2010 年 4 月，其理念为"悦享品质"，在技术和产品创新上投入了大量资金，从而加强用户的观影体验。爱奇艺的直播可以分为以秀场内容为主的"奇秀直播"和以视频短片为主的"直播中心"，如图 6-42 所示。

图 6-42 爱奇艺"直播中心"频道

爱奇艺和广大的 IP 创业者相似的是，都是"靠内容吃饭"。爱奇艺创始人兼 CEO 龚宇表示："视频网站网页已经进入'后竞争时代'，独家内容是竞争的关键。后竞争时代特点第一个就是原创，这是解决粗浅竞争的根本办法，必须有自己的原创出品能力，这是最关键的。"

6.3.3 bilibili：一群年轻人的聚集地

bilibili"哔哩哔哩"又称为"B 站"，是一个年轻人的潮流文化娱乐社区。bilibili"哔哩哔哩"的特色是"弹幕"，即用户在观看视频时可以将实时评论悬浮于视频上方，这种特性使其成为互联网热词的产生地。

"弹幕"为用户带来了独特的观影体验，而且它基于互联网因素可以超越时空限制，从而在不同地点、不同时间观看视频的用户之间形成一种奇妙的"共时性"关系，构成一种虚拟的社群式观影氛围，如图 6-43 所示。

图 6-43 "弹幕"可以形成一种热闹的社群式观影氛围

通过 bilibili"哔哩哔哩"这种平台，视频内容创作者可以借助这种高关注度、抢话题的热门"弹幕"形式来抢占粉丝，可以为 IP 带来较强的宣传效果。

6.3.4　火山小视频：轻松获取收益的平台

火山小视频是一款收益分成比较清晰、进入门槛较低的短视频平台，同时也是快手不相上下的实力对手，从各大短视频 APP 的排行榜来看，两者之间的竞争是十分明显的。火山小视频的定位从一开始就很准确，而且把握了用户想要盈利的心理，打出的口号就是"会赚钱的小视频"，那么，火山小视频的主要收益究竟来自哪里呢？

火山小视频是由今日头条孵化而成的，同时今日头条还为其提供了 10 亿元的资金补贴，以全力打造平台上的内容，聚集流量，炒热 APP。因此，火山小视频的主要收益也是来自于平台补贴，那么，用户要怎样才能获得这些补贴呢？

利用第三方账号微信、QQ、微博等登录火山小视频之后，就会来到如图 6-44 所示的火山小视频的个人主页，点击"火力＆钻石"的红色按钮，即可进入火力值查看页面，如图 6-45 所示。

图 6-44　火山小视频个人主页页面　　图 6-45　火力值查看页面

专家提醒

火山小视频是通过火力值来计算收益的，10 火力值相当于 1 块钱，所以盈利是非常划算的，关键在于内容要有保障，最好垂直细分，而不是低俗、无聊。

6.4　矩阵平台：新媒体营销运作的引流技巧

内容电商已经成为企业发展的一种重要商业方式，而粉丝的质量和数量决定了一个内容平台账号的价值和企业在内容电商运营中获利的多少。因此，企业做好细分引流工作是很重要的。

接下来，将为大家介绍几个主流的自媒体平台，商家不仅可以利用这些平台进行内容电商，还可以借助这些平台吸粉引流。

6.4.1　一点资讯：为兴趣而生

一点资讯平台凭借其特色的兴趣引擎技术为用户实现了个性化新闻订阅，基于用户的兴趣为其提供资讯内容。

一点资讯可以借助用户登录时选择的社交软件类型、选择的兴趣频道等操作收集相关信息，整理成数据资料，然后再根据这些资料了解、推测出用户感兴趣的新闻领域。

运营者在完成注册登录等一系列准备工作后，就可以开始运营导粉了，在这一阶段运营者的工作主要可以分为以下4个部分。

- 登录后台，进入管理页面；
- 撰写文章，准备进行推送；
- 文章完成后，进行检查；
- 检查完成后，推送文章。

如果运营者同时也在运营微信公众平台，那么可以在一点资讯平台上撰写文章的时候，在文章的末尾写上自己微信公众平台的账号，以此达到将粉丝引导到微信公众平台上的目的，如图6-46所示。

图6-46 文章末尾添加微信公众号

专家提醒

需要注意的是，微信运营者在一点资讯平台上撰写文章的时候，也可以选择已经撰写好的文章，只要单击"一键导入"按钮，就能将文章导入一点资讯平台了。

6.4.2 搜狐平台：三大资源齐聚

搜狐公众平台，是搜狐门户下一个融合搜狐网、手机搜狐、搜狐新闻客户端三大资源于一体的平台，所以搜狐公众平台的资源力量是比较充足的。搜狐公众平台凭借搜狐旗下一系列的资源，拥有自身独特的平台优势。在搜狐公众平台编写要推送的内容的时候，需要从标题、图片、格式、封面、摘要等多角度考虑。

对于新媒体平台运营者来说，图片是一个非常有利的武器，一张合适的图片能给新媒体平台的读者带来更好的视觉效果，也能为平台文章锦上添花。在编辑撰写文章的过程中，有时候会碰到需要特殊标记的文字，这些文字能够更加突出文章的重点，因此学习制作具有吸引力的字体格式也是很有必要的。

我们可以通过给字体加粗来进行突出，如图6-47所示，也还可以将文字标记成不同的颜色，让读者一眼就能将这些内容区分开来。或者将文字添加下画线、改成斜体，也可以将重点部分凸显出来。这样可以吸引读者的注意力，提高读者的阅读兴趣。

图6-47　加粗字体突出内容

和微信公众平台一样，在搜狐公众平台的文章编辑栏下面，有一个摘要撰写部分，运营者可以用一句话来概括文章的信息，以此来达到吸粉引流的目的。

6.4.3　网易平台：品牌依托有保障

网易媒体开放平台是网易旗下推出的一个新媒体平台，在网易媒体开放平台，运营者可以利用多种形式进行软性吸粉引流。

值得注意的是，运营者要入驻网易媒体开放平台，需要有网易邮箱或者网易通行证。

网易媒体开放平台，为入驻用户提供了 5 种类型的账号，它们分别是订阅号、本地号、政务号、直播号以及企业号，每种账号的功能也会有所不同。平台拥有 4 大特色，具体如图 6-48 所示。

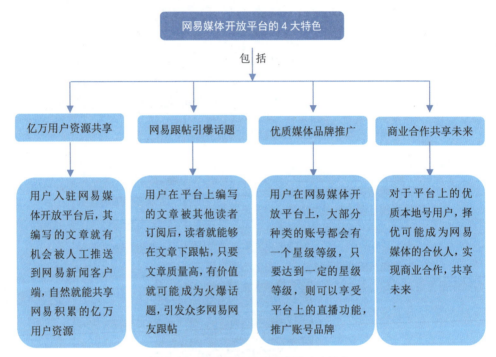

图 6-48　网易媒体开放平台的 4 大特色

当注册审核通过之后，运营者就要开始撰写文章来为平台导粉引流了。

首先登录网易媒体平台的后台，然后单击"写文章"按钮，就可以进入文章编辑页面开始撰写文章了。在"标题"处输入文章标题，在"正文"处编辑内容，也可以用正文内容框上方一排编辑按钮对文章的字体、格式等进行调整，单击"图片"按钮就可以在正文中上传图片，效果如图 6-49 所示。

把正文编辑完毕后，需要上传封面，封面有 3 种模式，分别是单图模式、三图模式和大图模式。执行操作后，运营者就能选择正文中的图片作为文章的封面，封面选择好之后，单击"发布"按钮，完成后在网易媒体后台即可看见刚刚发送的推文。

运营者可以适当地在文章结尾处放上其他平台的运营账号，如微信公众号及关注方式等，来达到多平台引流的效果。

图 6-49　图片上传到正文中

6.4.4　QQ 平台：满足多元化需求

QQ 公众平台也称为看点号平台，QQ 公众平台是腾讯继微信公众号之后推出的产品。QQ 公众号与微信公众号相比较，其形式也分为 3 种，分别是订阅号、服务号和购物号，新媒体运营者尤其要注意订阅号与服务号的区别。

QQ 公众平台凭借着 QQ 积累众多的用户数量以及平台自身的技术优势、大量的数据等资源，是微信公众号运营者用来获得流量的一个很好的平台。

对拥有近 10 亿腾讯用户规模的 QQ 公众平台来说，用户的来源几乎是不用愁的。据悉，在 QQ 公众平台公测期间，3000 个公测资格在 1 秒内就被抢完，同时，有人统计，在公测期间，参与注册申请的人有 11 万。平台的页面访问量也达到了 300 万次，未来，注册用户和平台页面访问量数据将持续增长。

因此，在 QQ 公众平台编写文章发送，是很好的吸粉引流的方法。如何发文呢？首先登录 QQ 公众平台，进入首页，在页面左侧的任务栏中找到"文章发布"按钮，单击进入即可进入文章编辑页面。利用文章编辑框上方的图标按钮可以修改文章的字体、内容等，输入文章标题，插入图片和文字后，单击"预览并发布"即可，效果如图 6-50 所示。

图 6-50　QQ 公众平台文章发布页面

6.4.5　简书平台：一个优质的创作社区

简书平台是一款集写作与阅读于一体的社交型互联网产品，同时也是一个基于内容分享的社区。

要在简书平台进行引流、商品推广，内容电商运营者就需要拥有一个简书账号。通过简单注册，然后登录发文即可开始运营。发文步骤十分简便，即在主页右上方运营者头像旁单击"写文章"按钮，随即进入文章编辑页面。最左侧可以根据文章发布内容进行分类管理。左侧第二竖列可见历史文章存储，右侧为文章编辑区域。步骤简洁，与上面介绍的发文顺序一样，输入文章正文、标题，并调整格式、字体即可，点击右上方"发布文章"进行发布，效果如图 6-51 所示。

图 6-51　简书平台文章编辑页面

专家提醒

运营者还可以选择采用新浪微博、腾讯 QQ、微信等社交网站的账号登录简书平台，这种登录方式会更加快捷方便。

运营者在运营过程中，要学会在"我的主页"中及时查看文章相关数据，还要学会在"赞赏设置"页面中开通打赏功能，如图 6-52 所示。这样便能利用平台获取收益，吸粉引流。

图 6-52 "打赏设置"页面

6.4.6 百度百家：百度旗下的自媒体平台

百度百家平台于 2013 年 12 月正式推出。运营者入驻百度百家平台后，可以在该平台上发布文章，然后平台会根据文章阅读量的多少给予运营者收入，与此同时百度百家平台还以百度新闻的流量资源作为支撑，能够帮助运营者进行文章推广、扩大流量。

百度百家平台上涵盖的新闻有 4 大模块，包括体育版、文化版、娱乐版和财经版。

百度对外公布了百家号最新数据情况，自 9 月 28 日开放注册以来截止到 2016 年 10 月 12 日，其平台已拥有 10 万个注册用户，其中通过的用户有 2 万多，并创下了平台上单篇文章最高收入 6000 多元的成绩。由此可见其受欢迎程度以及可观收益，这对新媒体运营者来说是个好消息。

百家号平台的运营也是采用推文的引流方式，首先登录百家号，进入主页。

可以在主页左上方单击"发布"按钮，进入文章编辑页面，也可在左侧任务栏内寻找"发布内容"按钮进入。有"发布文章""发布图集""发布视频"3 种内容编辑选择按钮，选择"发布文章"输入标题和正文，效果如图 6-53 所示。

文章撰写完成后，可以根据需求单击屏幕下方"发布""定时发布""存草稿""预览"4个按钮。

推文发送成功后，要细心关注留言评论，及时回复，给粉丝带来舒适的平台阅读体验，运营者也可以在回复的内容中放上公众号链接，以此来吸粉导流。

图 6-53　百家号文章编辑页面

6.4.7　知乎平台：发现更大的世界

知乎是一个问答平台，运营者要运营好知乎就要从提问和回答入手，下面从这两方面开始介绍。

1. 提问

运营者登录知乎，单击首页的"提问"按钮，弹出"写下你的问题"页面，如图 6-54 所示。

图 6-54 "写下你的问题"页面

在编辑问题的时候,问题的下方会出现一个对话框,显示平台中相似的提问,可以选择单击查看或者直接单击关闭继续提问。左下角的匿名提问勾选后,回答者将不会知道提问者的 ID 身份。问题编辑完毕后,单击"提交问题"按钮,即可发布问题。

2. 回答

与提问的操作步骤很相似,单击首页的"回答"按钮,进入"为你推荐"页面,在"添加擅长话题"框中输入话题关键字,如"摄影",如图 6-55 所示。建议运营者选择关注人数多的问题进行回答。

图 6-55 "为你推荐"页面

　　如果运营者是使用公司或商家的知乎账号，那么，回答必须具有专业性，有含金量，要能够引起读者的注意。回答的字数最好在 120 字以内，或半个页面的长度，太长的文章容易让读者失去兴趣。

　　运营者可以直接在个性签名处留下微信号码，以便为自己的平台引流。然后选择问题，选择和自己的类别接近的问题，尤其不要放过关注度高的优质问答。面对热点问题，要及时抢答，这会让我们的引流效果事半功倍。

第 7 章

IP 时代：直播、音频合体运营

学前提示　IP 已进入了火爆的个人化时代，让人人都有可能成为爆款 IP，而随着新媒体的发展，IP 也越来越受到人们关注。运营者可以好好利用 IP 这一新时代的商业模式进行新媒体运营。

本章主要介绍 IP 平台的发展以及时下比较火热的 IP 平台，并列举当红 IP 案例进行分析。

要点展示
- ▶ 直播平台：粉丝经济的超级玩法
- ▶ 音频媒体：聆听世界万物之声
- ▶ 案例分析：顶级流量成名历程

7.1 直播平台：粉丝经济的超级玩法

网络直播平台有着各自不同的内容和特色，它们不断深入发展，由单一的模式向众多领域拓展延伸，选择合适、匹配的直播平台是重中之重。本节将为大家介绍斗鱼、虎牙、熊猫、映客、花椒、聚美等几个典型的直播平台，了解它们各自的特色。

7.1.1 斗鱼：变革传统直播文化

斗鱼直播是一家以视频直播和赛事直播为主的弹幕式直播分享平台，其直播内容包括游戏、体育、综艺、娱乐等。斗鱼直播由ACFUN生放送直播转化而来，随着直播平台的不断发展，它也慢慢发展成为一个泛娱乐直播平台。

作为直播行业第一个吃螃蟹的平台，斗鱼直播于2016年推出了"直播+"的发展战略。其主要目的是打造"泛娱乐"模式，吸引更多热点内容，将娱乐精神发挥到极致，以此使得更多用户涌入直播平台，增加收益，更深层次打响"斗鱼"的品牌。

斗鱼直播引进的直播模式当以"直播+教育"最有看点。为了让用户学在其中，乐在其中，斗鱼全力打造有别于传统网课的教育形式，专门开设了鱼教鱼乐直播板块，如图7-1所示。

图7-1 斗鱼直播的鱼教鱼乐直播板块

从图7-1中不难看出，斗鱼开设的"鱼教鱼乐"直播板块内容十分丰富，涵盖了艺术、语言、科教、心理等多个方面，弥补了普通网校长期以来一直存在的缺点。用户可以免费享受名师的实时指导，与其进行互动，老师可随时为用户答疑解难，学习效果更加高效，特别适合喜欢直播的年轻群体。

不得不说，直播为在线教育发展带来了全新的机会。直播平台海量的年轻用户、直播平台的特色弹幕功能、高效低成本的网络直播这些因素都给"直播＋教育"的模式不断向前发展提供了强有力的支撑。

7.1.2 虎牙：启封游戏世界新大门

虎牙直播是国内优秀的以游戏直播为主的互动直播平台，由 YY 直播更名而来。在更名之后，虎牙直播转向 Web 端的发展。

虽然虎牙直播以游戏直播为主，但也包括了多元化的热门直播内容，如音乐、娱乐、综艺、教育、户外、体育、真人秀、美食等。虎牙的游戏直播资历很深，在游戏方面有很多独家资源。

虎牙直播的"直播＋游戏"模式由来已久，自 2012 年虎牙直播成立以来，虎牙直播一直以游戏直播为发展战略的重中之重。随着近年来游戏行业的日渐火爆，虎牙直播不惜花重金买进国内外赛事的直播版权，又召集了众多世界冠军级战队和主播，还专门打造了属于虎牙旗下的独家 IP 赛事。

如图 7-2 所示为虎牙直播中的英雄联盟直播页面。

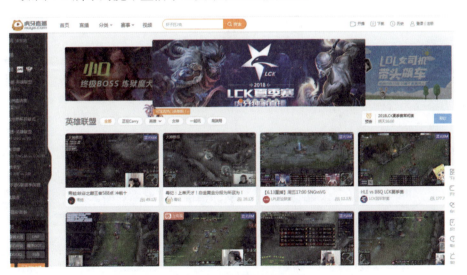

图 7-2 虎牙直播的英雄联盟

7.1.3 熊猫：全方面发展创新高

说起熊猫直播，大家都不会陌生。网红王思聪一手创办的熊猫直播是一家以"泛娱乐"模式为主的视频直播平台。

与其他直播平台相比，熊猫直播更注重打造人气主播，直播内容更是广泛覆盖了多个领域。王思聪为打造好熊猫直播这个平台，在内容、技术等各个方面都部署了不同的策略，下面一一做出介绍。

1．策略1："泛娱乐"直播平台

王思聪在采访中表示，一方面，希望将直播平台与游戏、娱乐、体育等产业相结合，以便全面布局其泛娱乐O2O市场；另一方面，熊猫直播的内容也会更趋向于泛娱乐化，打造千变万化的直播形式，如演唱会、发布会、体育赛事等。

如图7-3所示为熊猫直播官网上的自我简介就是"泛娱乐直播平台"。

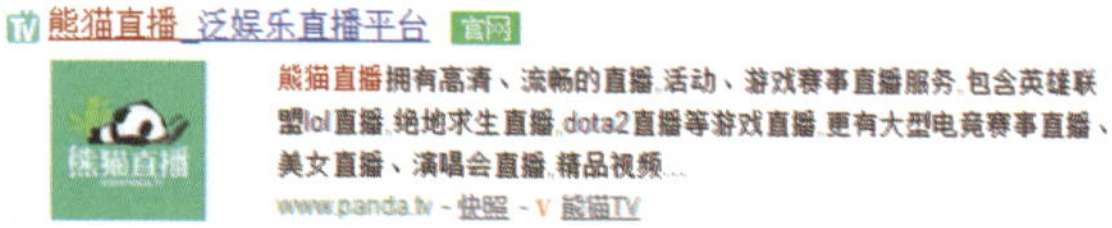

图7-3　熊猫直播泛娱乐直播官网简介

"泛娱乐"战略虽然最初是由腾讯企业提出的，但在直播行业，熊猫直播将其发挥得淋漓尽致。

2．策略2："正能量"直播平台

熊猫直播坚持传递社会正能量的发展战略，一直在为传播正能量而不断努力，并力争成为直播行业正能量内容的倡导者、领先者。

1)"直播＋公益"

熊猫直播鼓励平台主播积极直播正能量内容，为直播平台的健康持续发展贡献力量。熊猫直播不仅鼓励平台主播多多直播积极、正能量的事件，它在企业的发展中，也积极发扬"公益""正能量"的精神。"熊猫主播公益支教活动"就是最好的证明。熊猫直播的相关人员曾两次奔赴新疆、陕西等贫困地区，王师傅、囚徒等知名主播也为学生带来十分丰富且具有教育意义的活动，企业还为当地学校送去了资金帮助和学习用品。

与过去单一化的公益模式不同，"直播＋公益"以公开、直接、透明的方式支持和鼓励主播与粉丝互动，为社会传播更多的正能量，也极大地丰富了公益模式，促进了公益事业的大力发展。

2)iPanda 熊猫频道

熊猫直播还发展大量公益事业以大力弘扬传统文化，并积极传递正能量的精神,为社会带来重大影响。

例如,从2017年2月起直至今日,熊猫直播为了呼吁保护大熊猫,爱护大自然,携手央视网iPanda熊猫频道,专门开启了国宝大熊猫的直播间。用户可以24小时全程观看国宝大熊猫的生活直播,而且此直播间的所有收益除了基础运营的费用,将全部用于绿色宣传等公益活动。如图7-4所示为熊猫直播的iPanda频道。

图7-4 熊猫直播的iPanda频道

3. 策略3:联手腾讯云计算

在技术层面,熊猫直播与腾讯云计算强强联手,展开合作,致力于直播的稳定性维护和弹幕推送的技术维护,共同打造优质直播互动体验平台,为用户带来顶级感受。

可以说,熊猫直播与腾讯云的合作,不仅仅局限于技术,还包括内容。腾讯云的过硬技术为熊猫直播提供了强有力的支持,使其更加专注优质直播内容的创造。

4. 策略4:与官媒携手并进

熊猫直播为推动产业不断向前发展,还联合人民日报海外网打造了游戏产业高端访谈栏目——《爱游喂!》。

这次合作是为了宣传中国原创游戏产品、优秀游戏企业等,邀请了不少知名游戏企业的重量级人物进行专访,熊猫直播的几大知名电竞主播和战队也相继登场亮相。熊猫直播这种发展策略为提升中国文化产业在全球范围的软实力作出了巨大贡献,同时还进一步提高了中国游戏产业的影响力。

5．策略5：亮点之"直播＋电竞"

熊猫直播对电竞的热爱是直播行业内外有目共睹的，同时在"直播＋电竞"模式的发展方面，它也是首屈一指。电竞已经成为熊猫直播的一大亮点，而作为众多喜爱游戏的玩家来说，他们希望在直播中看到高水平的电竞玩家；对于直播平台来说，主播是相当关键的筹码，一个主播的优质与否甚至关乎直播平台的生死存亡。因此，熊猫直播在这方面下了不少苦功夫，全力打造顶级"直播＋电竞"模式，为用户带来至尊体验。

1）抓各路"实力派"主播

王思聪本身是 IG 战队的老板，因此在战队资源和解说资源上具备了坚实基础和得天独厚的优势。而且根据熊猫直播的注册资料显示，熊猫直播的股东众多，比如裴乐(WE 战队老板)、侯阁亭(OMG 战队老板)、斗鱼知名主播小智等。

除此之外，熊猫直播还签下了斗鱼炉石传说的明星主播"囚徒"、SOL 等，还有，LOL 退役选手"若风"。不难看出，熊猫直播也想利用专业性资源奠定自己的行业地位。

2）签约明星，强大主播阵容

强大的明星阵容也是熊猫直播"直播＋电竞"模式的亮点之一。明星直播电竞比赛就如同一场网络真人秀表演，能吸引众多的人气，熊猫直播也可借助其影响力提升经济效应。

王思聪平时在微博上就与众多明星来往频繁，所以与很多明星人物有一定的交情。那么，他进军游戏直播平台市场，让明星为其助势也是理所当然的事情。王思聪邀请了不少喜爱电竞的明星在熊猫上开直播。如图 7-5 所示为林俊杰在熊猫直播里的直播间。

图 7-5　林俊杰的直播间

7.1.4 映客：开启全民直播时代

映客直播是一款覆盖了 iPhone、Android、Apple Watch、iPad 等多个移动端的直播类社交平台。映客可使用微博、微信账号登录，操作方法十分便捷，设备只需一个手机即可。映客直播优势众多，功能强大，包括精彩回放、高清画质、互动交流、私信聊天等。

1) 打造温暖、人性化的社交平台

作为全民直播的佼佼者，映客直播有着庞大的受众量。为了将映客打造得更具特色，它开始着力于不分年龄和性别。随着互联网的高速发展，很多父母辈、甚至爷爷奶奶辈的人也开始接触各种各样热门的 APP 软件。

于是，映客直播为所有人提供了一个分享自己的生活和爱好的平台。无论什么年纪的用户都可以在映客直播上展示自己。比如，喜欢唱歌的可以直播唱歌，喜欢绘画的可以表演画画，喜欢书法的可以直播写字。如图 7-6 所示为映客直播的官网。

图 7-6　映客直播的官网

2) 专门为用户设计推广方案

映客直播既不像花椒直播、来疯直播是"富二代"；也不像快手、熊猫直播能"傍大款"。可以说，映客直播在直播行业是一个"孤胆英雄"。它与其他直播平台差别最大的地方就在于，最大限度关注用户的需求。映客直播根据用户的年龄等方面专门设计了直播板块，不单单是针对喜欢社交的年轻人，还有父母一辈，以及专业人士等。

映客的发展策略为其吸引了大量的用户，同时也让映客直播成为全民直播时代里一颗璀璨的明星。

7.1.5　腾讯：直面体育赛事现场

腾讯直播是腾讯视频旗下的客户端产品，涵盖了十分丰富的直播内容。其中，以体育直播最为著名。腾讯直播的"直播＋体育"模式建立已久，这个模式相对于其他直播来说，门槛要高。若想依靠直播的形式打通体育细分产业链条，就要舍得花大本钱。

同时，对主播更是要求严格。比如，以前看电视直播时，解说员说错了，用户也没法及时跟他互动，指出解说员的错误。而现在的直播都有弹幕可以进行实时交流，用户完全可以立马指出主播的错误讲解。如果一个主播的功力不够深厚，那么就容易下不来台，有损节目的效果。

为此，腾讯在直播形式的打造上下了不少功夫：一是利用漂亮女主播的独特魅力，吸引更多的用户流量和热点；二是邀请退役运动员，这样的话展示专业方面的知识时就能信手拈来，让观众心服口服。

如图 7-7 所示为腾讯视频的体育直播。

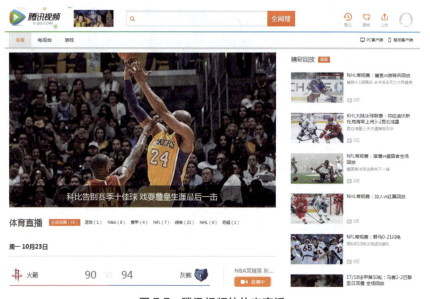

图 7-7　腾讯视频的体育直播

作为体育直播的主播，不仅要有相关的专业知识，最重要还要让观众听得懂，听得自在。腾讯的"直播＋体育"模式给各大想要进军体育直播行业的直播平台做出了很好的示范，当然，想要在直播行业站稳脚跟，腾讯还需在现有的基础上继续进步，再接再厉。

7.1.6 花椒：带着 VR 一起去旅行

花椒直播是中国一款每日活跃用户数突破 500 万，月活跃量超过 1000 万的超大的移动社交直播平台。它最大的特色就是具有其他直播软件无法比拟的明星属性。此外，花椒还专门打造多档自制直播节目，包括文化、娱乐、体育、旅游、音乐等多项内容。本节将着重向大家介绍花椒直播的"直播+旅游"模式。

随着直播行业的不断深入发展，"直播+旅游"模式也开始渐渐有了起色。以前，主要通过风景图、旅游宣传片来吸引用户旅游，但其实这并不能很好地达到宣传的效果。比如有些网友会怀疑图片的真实性，担心亲临目的地后，图片与现实不符。而利用直播做宣传旅游，可以让用户对产品有更清晰、真实且全面的感受和体验，从而使用户情不自禁地出门游玩。如图 7-8 所示为"直播+旅游"模式的几大要素。

图 7-8 "直播+旅游"的要素

"直播+旅游"模式的重点在于场外直播，没人会喜欢看室内的旅游直播。只有走出去，将自然风景直接呈现在用户面前，并结合专业性的解说，让用户明白你的产品的优势。那么，场外直播的重要之处体现在哪几个方面呢？我们将其总结为三点，如图 7-9 所示。

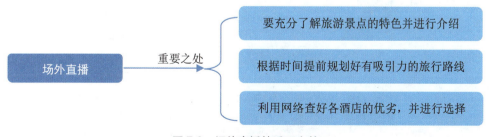

图 7-9 场外直播的重要之处

对于场外直播而言，技术又是必不可少的一环。例如，2016 年 6 月 7 日，花椒直播专区正式上线，成为全国首个 VR 直播平台。"VR 直播+旅游"带给用户的是前所未有的体验和感受，让用户能身临其境，仿佛已经"穿越"到目的地，尽情欣赏当地的美食美景。

此外，在直播中结合旅游线路和景区，还能起到意想不到的推广作用。当然，只有将优质内容与超强技术相结合，才能使得"直播＋旅游"模式得到长期有效的发展，游客才会对旅游更加向往。

7.1.7 聚美：打造信任型消费模式

聚美直播是聚美优品推出的美妆达人直播，主要以教用户化妆、搭配等内容为主，用户可以在此平台上进行互动。聚美优品之所以推出直播，就是为了吸引用户的关注，同时引导用户如何选购好物，最终收获更多利润。

那么，聚美优品的直播与其他直播相比，有何特色之处呢？

原来，聚美优品很早就推出了"直播＋电商"的模式，这种模式的优势在于可以通过与用户互动，给用户不定时发红包的方式来吸引用户，从而带动用户消费。而聚美直播的特色就在于它着力于打造"直播＋品牌＋明星"的模式。众所周知，聚美优品是一个专门为女性消费者设计的购物平台，而其创始人陈欧确实也对广大女性消费者的心理十分了解。利用明星效应拉动用户消费，是聚美优品一贯的战略，而直播将其又提升了一个高度。如图7-10所示为聚美优品的官网。

图7-10 聚美优品的官网

专家提醒

聚美优品的用户群体普遍来说都比较年轻,这类用户比较注重新鲜感,喜欢尝试各种新奇的事物。

聚美优品抓住了这个"90后"消费者比重提升的信号,紧跟年轻群体注重个性、潮流、新鲜感和娱乐精神的大方向,不断更新营销手段,与直播相结合,来设计符合年轻群体的直播模式。于是"直播+电商"的模式应运而生。

7.2 音频媒体:聆听世界万物之声

随着移动互联网的发展和私家车的普及,人们在移动中的娱乐需求亟待满足。各类新兴电台企业短时间内得到了长足的发展,许多传统广播人纷纷转入互联网的音频平台,音频平台迎来了发展的大好时机。本节将向大家介绍几大知名的人气音频平台。

7.2.1 喜马拉雅:传递好声音的分享平台

喜马拉雅FM是国内顶尖的音频分享平台,用户可以在平台里上传、收听各种音频内容,它支持手机、电脑、车载终端等多种智能终端。如图7-11所示是喜马拉雅平台官网首页的热门推荐,此页面推荐了几个比较热门的音频节目,在热门推荐下还有平台的小编推荐频道。

图7-11 喜马拉雅首页热门推荐页面

喜马拉雅平台上有很多不同种类的音频节目，具体包括有声书、音乐、娱乐、相声评书、儿童、资讯、历史、人文等多种节目类型。如图 7-12 所示是"儿童"分类中的一些音频节目，里面有一系列适合儿童收听的音频内容节目。

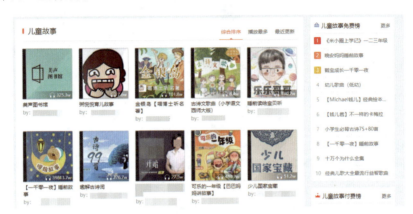

图 7-12　喜马拉雅"儿童"分类中的音频节目

在喜马拉雅平台上，用户除了可以收听音频节目外，还可以进一步申请成为主播，从而发布自己的音频内容到平台上。如图 7-13 所示是喜马拉雅平台主播认证流程，可以根据自身的情况选择相应的主播认证类型。

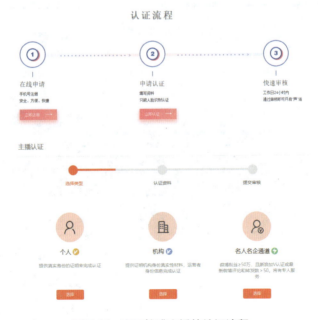

图 7-13　喜马拉雅主播的认证流程

喜马拉雅也会推出相应的活动，主播们可以在主播工作台密切关注官方公告，积极参与活动就有机会获得丰厚福利。如图7-14所示为官方"录15秒声音，让全世界听你"活动。

图 7-14　喜马拉雅官方活动

7.2.2　蜻蜓 FM：汇聚大众资源的音频平台

蜻蜓 FM 是一款强大的广播收听应用，用户可以通过它收听国内、海外等地区千个广播电台。蜻蜓 FM 相比其他音频平台，具有如图7-15所示的功能特点。

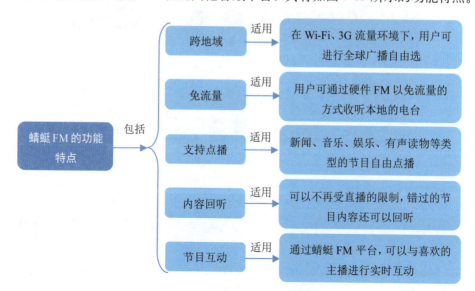

图 7-15　蜻蜓 FM 的功能特点

蜻蜓 FM 的内容分类十分丰富，包括小说、音乐、相声小品、脱口秀、情感、历史等多种类别，具体如图 7-16 所示。用户可以直接用搜索栏寻找自己喜欢的音频节目。

企业应该充分利用用户碎片化需求，通过蜻蜓音频平台来发布产品信息广告，音频成本也比较低廉十分适合本地中小企业长期推广。如图 7-17 所示是房价信息广告。

图 7-16　蜻蜓 FM 内容分类页面

图 7-17　房地产行业可以选择与"房价"相关的自媒体合作

当然，企业也可以通过在平台上策划音频专题节目来进行宣传推广。策划专题节目，就是通过专题节目来促进营销，它是粉丝参与度方面比例最高运营形式，也是一种未经常使用的音频运营形式。完整的音频专题节目策划和营销，要经历以下 3 个阶段，如图 7-18 所示。

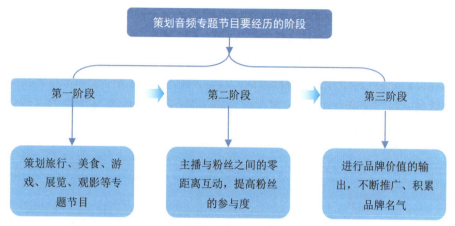

图 7-18 策划音频专题节目要经历的 3 个阶段介绍

7.2.3 荔枝 FM：轻松引流的网络轻电台

在音频渠道中，荔枝 FM 无疑也是一个值得运营者关注的语音直播平台。在这个平台上，用户不仅可以收听各种优秀的电台节目，更重要的是，就如其宣传语"人人都是主播"一样，它是一个支持在手机终端推出自媒体电台的平台。同时，荔枝 FM 打造了一条从节目录制到一键分享到各社交平台的完整的生态链。

要想进入荔枝 FM 平台的节目录制界面，只要在首页点击右上角的按钮，进入"我的"页面，选择要推出的节目类型"录音"或"直播"，即可开启节目的录制，如图 7-19 所示。

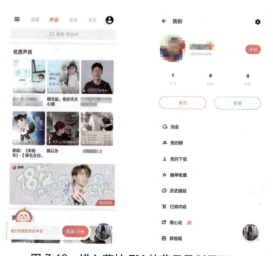

图 7-19 进入荔枝 FM 的节目录制界面

可见，运营者如果选择荔枝 FM 这一音频渠道进行运营，可以通过创建音频自媒体的方式来实现运营目标。

其实，相比建立微信公众号、开通官方微博，运营者搭建自己的音频自媒体平台，也是一种很好的拓展营销渠道的方式，对于推广品牌、提高粉丝黏性具有积极效果。当然，企业在荔枝 FM 平台上建立自己的音频自媒体平台的时候，有些问题也要多加注意，如图 7-20 所示。

图 7-20　企业建立自身的音频自媒体平台要注意的问题

7.2.4　考拉 FM：进驻直播领域的音频电台

当视频主播走上吸粉引流的舞台之后，以声音为优势的音频主播也在大规模来袭。考拉 FM 最大的优势在于个性化音频引流，在聚集了大批粉丝的同时，逐步实现商业化运作。考拉 FM 要进驻直播领域，其推出的直播功能主要服务于行业大事件的现场直播，比如，演唱会、发布会、电影节、娱乐明星专访，等等，如图 7-21 所示为考拉 FM 主播界面，用户点击进入就能收看主播的直播内容。

图 7-21　考拉 FM 主播界面

考拉 FM 还为自媒体人提供直播服务，用户登录平台，直接在个人中心点击"设置"按钮进入设置界面，点击"主播 V 认证"按钮，即可进入相应界面申请认证。如图 7-22 所示。

图 7-22　经过认证才能进行直播

考拉 FM 的音频直播覆盖很多重要的发布会和重要的娱乐大事件，例如，2014 年推出的音频直播世界杯，等等。

7.2.5　千聊 APP：开启知识共享大门的平台

知识付费越来越成为一种趋势，而且有很多的平台开通了内容付费功能，一方面节省了读者筛选内容质量的时间，同时也对知识分享者提供一定的内容收益，算是对优质内容提供者的一种鼓励。

因此，市场上就衍生了一系列以优质内容分享为主的微课平台，常见的微课 APP 有网易云课堂、袋鼠先生、腾讯课堂以及千聊等。

有条件的新媒体运营者可以尝试在这种微课 APP 上开设课程，这对于引流也是很有帮助的，真正的知识能给读者带来很多好处，他们是不会吝啬对向他们提供知识的好老师以鼓励的。所以一个好的课程往往在打出新媒体品牌的同时，也能收获可观的粉丝数。

下面以千聊 APP 为例，简述在千聊 APP 上开设微课进行引流的方法。

步骤 01　首先进入"我的"页面，点击"直播间主页"按钮，进入"直播间主页"界面，点击"新建话题"按钮，如图 7-23 所示。

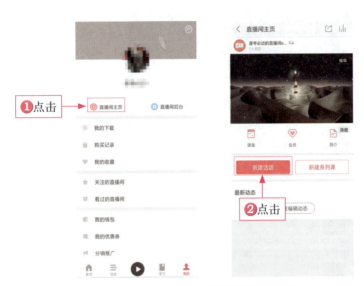

图 7-23　点击"新建话题"按钮

步骤 02　执行操作后,进入"新建话题"界面,编辑直播主题内容,选择直播开始的时间与形式,点击"下一步"按钮,弹出"新建话题"的第二步操作界面,选择直播的类型,点击"完成"按钮,如图 7-24 所示。

图 7-24　编辑直播主题内容与相关设置

步骤 03　执行操作后,进入直播间,运营者可以在底部点击"语音""文字""媒体库"和"课件"按钮打造直播间内容构造,也可以同上课的网友进行交流,获得他们的好感,达到引流的目的,如图 7-25 所示。

图 7-25 编辑直播主题内容与相关设置

步骤 04 运营者可以暂时退出直播间编辑课程的介绍页,点击"编辑介绍页"按钮,进入"设置信息"界面,在"主讲人介绍"处编辑运营者信息,让感兴趣的读者进行添加,如图 7-26 所示。

图 7-26 编辑主讲人介绍让读者添加微信

7.3 案例分析：顶级流量的成名历程

如今，IP营销的概念得到了很好的扩展，很多个人品牌爆款IP都能够凭借自己的吸引力，来摆脱单一的平台束缚，在多个平台、区域获得流量和好评，并且进行分发的内容。

7.3.1 小苍：著名电竞游戏女解说

"小苍cany"是知名游戏解说、竞技选手，而且曾经获得过"Iron Lady 国际女子魔兽邀请赛"的第一、二届冠军。如今，"小苍cany"主要专注于LOL直播，如图7-27所示为其微博主页。

图7-27 "小苍cany"的微博主页

"小苍cany"凭借其行云流水般的解说、激昂的文字、动人的声音及现场感染力，深受玩家们的喜爱。"小苍cany"等IP完全是靠个体的力量，聚集了一群热爱游戏志同道合的粉丝，最终产生商业机会，这是非常值得创业者们学习的。

7.3.2 张大奕：超高流量的淘宝店主

张大奕是人气火爆的网络红人，多次参加各平台举办的电商红人盛典大奖。她从一个模特到成为五颗皇冠的淘宝卖家，再到如今成为具有很强的互联网消费影响力的大V，其中离不开她个人的努力，更离不开粉丝的支持。张大奕拥有590万微博粉丝，如图7-28所示，是个名副其实的IP。

图 7-28 张大奕的微博主页

张大奕的淘宝店铺主要采用文艺、清新的风格，深受粉丝欢迎，如图 7-29 所示，这些粉丝所产生的购买力就是张大奕的淘宝店铺的最核心竞争力。

图 7-29 张大奕的淘宝网店"吾欢喜的衣橱"首页广告

7.3.3 高晓松:"晓松奇谈"再创焦点

"晓松奇谈"是由爱奇艺出品、高晓松主持的一档文化脱口秀视频节目。同时,节目非常注重与网友的互动。据悉,新浪微博中的#晓松奇谈#话题阅读量高达 1.6 亿,讨论量达到 150 万,如图 7-30 所示。

图 7-30　#晓松奇谈#话题

凭借思如泉涌的才华,以及与网友分享自己的真实人生感悟,高晓松收获了无数忠实粉丝的喜爱与追随。

7.3.4 黎贝卡:时尚界的"买买买教主"

"黎贝卡的异想世界"是一个时尚类微信公众号,其背后的人物 IP 其实是南都首席记者——方夷敏。除了记者身份外,方夷敏在朋友圈中还是一个资深的时尚达人,朋友们经常会向她讨教各种穿衣搭配的问题。

于是,方夷敏又创建了一个以时尚话题为主要内容的"黎贝卡的异想世界"微信订阅号。目前,"黎贝卡的异想世界"微信订阅号的粉丝数据已经达到 90 多万,而且女性读者占了近 7 成。在过去的 3 年间,此公众号一共推送了 455 篇软文。文章内容主要包括穿衣搭配、护肤彩妆、好物推荐、时装周现场体验等诸多有趣丰富的话题。

如图 7-31 所示为公众号首页和过去推文合集部分展示。

图 7-31 "黎贝卡的异想世界"微信公众号与过去推文合集部分

"黎贝卡的异想世界"这个 IP 不止在微信公众号运营,方夷敏还有一个同名微博账号,粉丝数量达到了 300 多万,如图 7-32 所示。

图 7-32 "黎贝卡的异想世界"微博首页

现在,她的新媒体文章阅读量基本都在 10 万以上,如图 7-33 所示。

图 7-33 "黎贝卡的异想世界"发表的文章阅读量超过 10 万

7.3.5 同道：通过星座文化打造多种衍生品

2013 年毕业于清华大学美术学院的同道大叔就开始通过微博给粉丝定制漫画，并依靠扎实的绘画基础和天马行空的创意赢得了大批粉丝，如图 7-34 所示。

图 7-34 同道大叔的微博主页

2016 年，同道大叔与万好万家电子竞技传媒有限公司宣布合作，并将推出一系列的星座文化相关衍生品。对于万好万家电竞传媒来说，可以通过与同道大叔这个超级 IP 的合作，依靠双方的优势互补，实现"漫画内容＋周边产业"的跨界合作。

同时，在彼此的合作中将星座元素作为内容引爆点，将推出视频、移动游戏、女子偶像团体等新品牌，带来全新的产品升级，如图 7-35 所示。

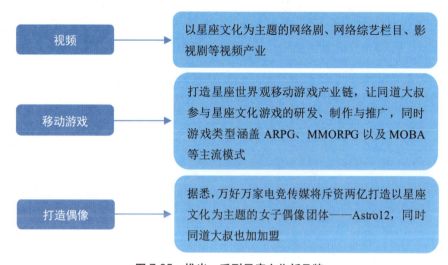

图 7-35　推出一系列星座文化新品牌

第8章

转化导流：轻松解决运营最大难题

学前提示　新媒体的盛行让粉丝经济迅速崛起，这种依靠粉丝发展的运营方式让许多企业和商家纷纷转变战场，运营者想要经营好粉丝经济，进行粉丝导流和转化是一个极富挑战性的问题。

本章就从粉丝的导流和转化两个方面，讲解新媒体运营需要掌握的方法和技巧。

要点展示

▶ 运营转化：新媒体的粉丝经济
▶ 深入探究：粉丝经济的重要结构
▶ 细分引流：运营必会的导流方法
▶ 社群经济：紧密用户之间的联系

8.1 运营转化：新媒体的粉丝经济

随着互联网和新媒体的不断发展，粉丝经济已经成为时下一种主要的经济形态。在粉丝经济迅速崛起的当下，粉丝是企业或商家发展的重要因素之一。可见，粉丝对企业或商家的发展产生着重要的影响。

8.1.1 方法：粉丝转化成经济

依靠粉丝发展的营销方式是许多运营者转战新媒体的原因，但是企业要拥有自己的粉丝，是一件极富挑战性的问题，而要想将粉丝转化成经济是比拥有粉丝还要具有挑战性的。因此，运营者需要了解粉丝在新媒体时代的表现，抓住经济产生的时机，如图8-1所示。

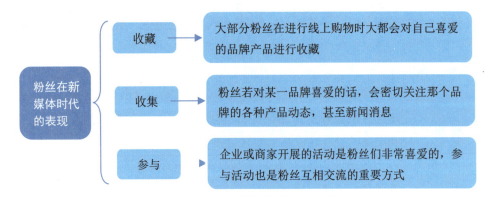

图8-1 粉丝在新媒体时代的表现

8.1.2 影响：粉丝转化的作用

用户转化成粉丝后，粉丝也要转化到商品的购买上，给企业、运营者带来真实的利益。因此，粉丝转化是企业可持续发展的重要组成部分，更是影响企业活力的因素之一，而且运营者运营新媒体就是为了增粉和获取更多转化的机会。另外，粉丝转化还有以下作用。

- 具有很高的忠诚度，认同企业产品和品牌，支持企业的发展。
- 存在很大的互动成分，可以提高用户互动积极性。
- 增加顾客与商铺的黏性，提高购买率。
- 牵一发而动全身，有很好的免费推广效果。

8.2 深入探究：粉丝经济的重要结构

粉丝经济有 4 个重要的结构，分别是社会资本与信任关系、自组织网络与口碑推荐、互惠关系与消费者驱动的 C2B 模式、社交对话与虚拟自我。下面主要对粉丝经济的这 4 个重要结构进行具体分析。

8.2.1 结构 1：社会资本与信任关系

通俗地讲，社会资本指的是企业通过社会关系获得的资本，它对企业与粉丝之间的联系起着不可磨灭的作用。例如，在当前的社交网络中，微博、微信以及一些品牌社群里的粉丝或者好友，对企业来说，都是一种社会资本。因此，企业一定要重视对这些平台的粉丝的经营。

在社会学里，社会学家将社会资本分为 5 种命题。下面对社会资本的 5 种命题进行图解分析，如图 8-2 所示。

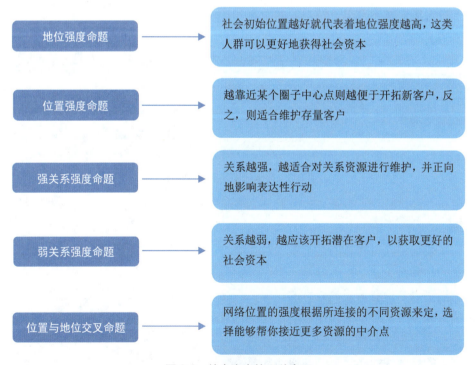

图 8-2 社会资本的 5 种命题

社会资本主要包括信任、规范和关系网络这三大要素。其中，信任是关键的要素。信任不仅存在于个人与个人之间，也存在于整个社会关系之中。由于社会资本与信任之间的关系非常紧密。所以，一般来说，相关人员在对社会资本进行研究的同时，也会从不同的角度对公民的信任指标进行测量。

消费者的信任关系强度，一般可以从以下几个方面来判定。

- 年龄、性别、职业等。
- 关注的时间、实际距离、互动频率、互动情绪指数等。
- 信息流方向、行为的亲密度、互惠内容的价值量等。

由此可见，企业可以通过对信任关系强度的量化，来加强对粉丝的了解，并根据粉丝的差异化，对粉丝进行具体的分类。

8.2.2 结构2：自组织网络与口碑推荐

移动自组织网络是由移动通信和计算机网络相结合而产生的，从分布来看，它属于一种自治的、多跳式的网络，没有固定的基础设施。因此，在用户不能使用现有网络基础设施的情况下，它能够为用户提供一种终端之间的相互通信。

自组织网络具有以下特点，如图8-3所示。

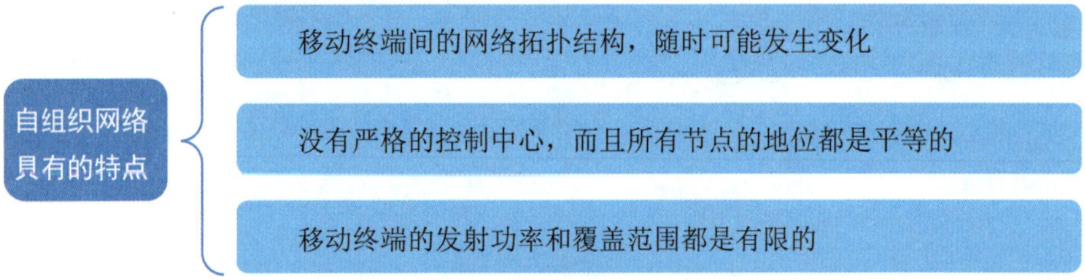

自组织网络具有的特点：
- 移动终端间的网络拓扑结构，随时可能发生变化
- 没有严格的控制中心，而且所有节点的地位都是平等的
- 移动终端的发射功率和覆盖范围都是有限的

图8-3 自组织网络具有的特点

粉丝经济时代，企业或商家对产品或服务的推广多是凭借其口碑推荐进行传播的。

一般来说，口碑指的是消费者对企业的一种看法，它是消费者之间互相传递信息的一种行为。

消费者对企业形成的较好的口碑，能够帮助企业扩大营销规模。如果一个企业的口碑较差，对企业的发展也是致命的伤害，甚至会危及企业的生存。

在这个移动互联网时代，消费者的口碑主要表现在对产品或服务的评价上，消费者的好评往往能够影响其他消费者的消费抉择。

商家获得的好评越多，消费者对商家的信任度就越高，如果一个商家获得的差评比较多，也会使商家很难经营下去。

8.2.3　结构 3：互惠关系与消费者驱动的 C2B 模式

随着粉丝经济的蓬勃发展，企业或商家不再依靠传统的售卖方式来获得利润，他们也会利用互惠关系和粉丝驱动的 C2B 模式来获得一些创造性收入。比如进行一些预售、团购、特卖和私人订制等。

可见，这种互惠关系和 C2B 模式是非常重要的，下面对其进行具体介绍。

1. 互惠关系

互惠关系主要发生在经济交换或交易方面，在社会化的电子商务中，它是一个核心的要素。这种互惠关系在企业和消费者之间主要表现在以下两个方面。

(1) 人与物的互惠关系。企业或商家通过团购、促销等方式给消费者提供各种优惠，以此来吸引消费者，建立更加牢固的经济交换关系。

(2) 人与人的社会交换关系。企业或商家要加强与粉丝之间的互动，在互动中建立彼此的信任。

2. C2B 模式

C2B 指的是消费者对商家的一种模式，它的主要特点是消费者通过集体议价，可将价格的主导权从厂商转移到自身，告别了以往厂商定价的模式。消费者可以通过讨价还价的方式为自身赢得更多的利益。

8.2.4　结构 4：社交对话与虚拟自我

粉丝经济的发展离不开商家与粉丝的互动。其中，值得注意的是，社交对话是粉丝互动和参与的核心。品牌社群为粉丝提供的社会归属感和身份认同，也是粉丝实现虚拟自我的体现。下面对社交对话和虚拟自我进行具体介绍。

1. 社交对话

社交对话是一个信息交换的过程，是人们进行信息传播和思想传播的有效途径。对企业和商家来说，它也是建立粉丝信任的主要方式之一。

2. 虚拟自我

从目前来看，虚拟自我多指人们利用互联网来构建的自我。虚拟自我的产生与人们内心的渴望是分不开的。现阶段，粉丝所参与的各种社交网络社群，可以说是一种虚拟社群。在这种社群中，粉丝一般会根据自我与团体之间的关系以及与他人交流的需要呈现出一种虚拟的自我。

8.3 吸粉引流：运营必会的导流方法

在新媒体平台上，运营的必要阶段一定是吸粉导流。而许多平台都可以进行导流引粉，因此，运营者需要想办法把商家信息放入新媒体平台的发文中，把新媒体平台上的用户或读者导入自己需要引流的地方。

8.3.1 简介：结尾放置介绍法

大多数新媒体运营者都知道在文章结尾放入导流语，为产品或微信公众号进行引流。下面介绍一种结尾放置简介法，建议运营者试验一下，看看效果如何。

结尾放置简介法，顾名思义就是在运营文章中放入运营者需要推广的产品、微信公众号和作者的介绍等。如图 8-4 所示为微信公众号文章结尾介绍分享。

图 8-4　微信公众号文章结尾介绍分享

如图 8-5 所示为今日头条文章结尾介绍分享。

图 8-5　今日头条文章结尾介绍分享

8.3.2 图文：搞笑内容引流法

新媒体平台的用户人群大多是"80后""90后"，而这部分人群比较个性化，喜欢搞笑、奇特和富有潮流性的东西，容易被不一样的形象吸引。因此，运营者可以抓住这一点，在文章内容中加入网络上较新颖的语言或图片等。如图8-6所示为搞笑奇特的图文。

图 8-6　搞笑奇特的图文分享

8.3.3 推广：与广告推荐方合作

在今日头条平台上，运营者会遇见专门的广告方或推荐方。如图8-7所示的书问科普头条号就是一个关于图书的推荐号。

图 8-7　书问科普头条号的首页与部分内容

书问科普的图书营销是收录好的文章和图书信息，在自己的头条号发表，让喜欢看书的人有一个读书平台。运营者可以利用合作的方法，把自己要推广的图书信息发布在相关平台上。如图 8-8 所示为书问科普头条号宣传图书页面。

图 8-8　书问科普头条号宣传图书页面

8.3.4　评论：答疑解惑的留言导流

导流的方法有很多种，运营者应使用不同的方法进行导流，以防用户在阅读文章时产生疲劳感。

另外，读者在阅读时，如果遇到自己喜欢或正在学习的领域，都有想和作者聊聊、解答疑惑的冲动，运营者可以利用这一点，设计疑问解答方面的引流语。

如图 8-9 所示为某头条号的疑问解答留言导流语。

> 欢迎大家订阅此头条号，也可以关注小编的微信公众号"　　　　Life"，有什么问题可以私信我，我会为你解答。
>
> 声明：此文为原创，未经许可不得转载。图片来源于互联网以及其他平台，主要目的在于传递资讯，方便阅读者了解信息，版权归原作者所有，内容仅供读者参考，如有侵犯您的版权或其他权益之处，请及时告知我。特此声明。

图 8-9　疑问解答留言导流语

8.3.5 结语：利用二维码引导粉丝关注

其实，很大一部分用户还是很愿意关注公众号查看更多信息的，但由于不知道如何添加和关注公众号，导致许多引流的机会都流失掉了。因此，建议运营者每次在文章中放入引流语时，在最后再加入简单的添加方法、步骤或二维码，以引导读者快速、准确地添加自己的公众号。

如图 8-10 所示为利用二维码引导用户关注的导流方法。

图 8-10　利用二维码引导用户关注

8.3.6 软文：利用朋友圈获取人气

微信朋友圈是一个可以随时随地发表动态、展示心情的平台，很多人喜欢关注朋友圈的动态，看看自己朋友们的近况。所以，企业可以利用微信朋友圈来做软文营销，从而获取流量、产品曝光率以及品牌关注度。

企业在朋友圈里进行软文营销之前，要先研究朋友圈的两个特性。

- 朋友特性。在朋友圈做软文营销就是拿自己的名誉做赌注，只要还想保持朋友关系，就不可能对自己的朋友坑蒙拐骗，从而容易取得朋友们的信任。
- 圈子特性。俗话说"物以类聚，人以群分"，一个圈子里的人肯定是有共同爱好或共同经历的，这也是软文营销在朋友圈运营的价值所在。

朋友圈的这两条特性，奠定了软文营销在朋友圈运营的强大威力和无限效果。在了解朋友圈特性之后，就要开始掌握一些技巧来发布软文了。下面介绍在朋友圈里进行软文营销的技巧，如图 8-11 所示。

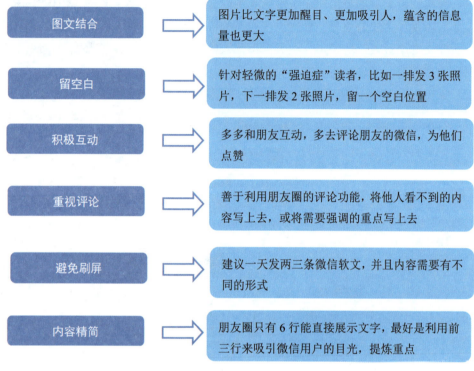

图 8-11　朋友圈进行软文营销的技巧

专家提醒

在朋友圈进行营销时，最好不要只宣传产品的信息，应该要有一些自己生活写照的东西，比如今天去哪里玩儿了、心情怎么样等，拉近与朋友之间的距离。

8.3.7　H5：显著提升软文效果

H5 即 HTML5，也指一切用 H5 语言制作而成的数字产品，通俗点说，就相当于移动端的 PPT，常用于微信中。通过 H5 进行软文推广，主要是借助其形式上的新颖和便捷，能够为读者带来非同一般的视觉效果，进而实现营销目的。

H5 推广有着明显的优势，即推广成本低、传播力度大以及宣传效果好等，如果我们想充分利用它的优势，就要做到对其特点十分了解。与此同时，还要注意如图 8-12 所示的 3 个问题。

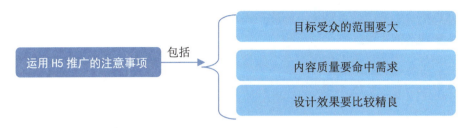

图 8-12 运用 H5 推广的注意事项

来看"滴滴出行"的三八妇女节案例，如图 8-13 所示为主题"解锁你的少女心"的 H5 画面展示。

图 8-13 "滴滴出行：解锁你的少女心"H5 画面展示

这一案例的特色在于策划的用心，通过符合女性视觉体验的卡通形象设计来赠送打车的优惠券，同时还设计了简单可爱的界面，既有文字也有图片。值得一提的是，用户设置好卡通形象之后，还可以进行保存和分享，以促进此 H5 案例的进一步传播和推广。

8.3.8 活动：策划免费福利赠送

为什么超市促销、服装店甩卖总有人抢着去凑热闹？虽然人们都知道这是一种营销手段，但还是有很多人被吸引，每天都要去看看有什么值得买的。

新媒体运营也可以利用这样的营销方式，不过，新媒体不是衣服、不是食物，人们也不会心甘情愿去购买。因此，运营者在使用福利吸引粉丝的时候，建议采取免费赠送的手段。

例如，"手机摄影构图大全"微信公众号一周年活动，根据用户留言点赞数免费赠送图书，如图8-14所示。

图8-14　根据用户留言点赞数免费赠送图书活动

从用户的名利心理分析，这样的免费福利，很容易吸引用户去关注公众号，但是也很容易看到某些用户下载免费资源后会立即取消关注，运营者这时不用感到失落。因为，已经下载好资源的人大多都有炫耀的心理，然后在自己的朋友圈或QQ空间发表得到的免费果实。从资源的传递来说，这无疑又是一次免费的宣传，可以让更多的用户看到公众号信息，而对资源感兴趣的用户都会纷纷来关注公众号下载资源，引流效果可想而知。

8.4　社群经济：紧密用户之间的联系

在互联网迅速发展的推动下，我国已走进了社群经济时代，每一个社群里的成员或是有共同的爱好，或是有共同的目标。总之，每个社群里的成员都是由某个点来维系的。本节主要探究社群运营的相关知识，以供大家参考。

8.4.1　互动：从无到有的关系构建

学会与用户进行交流是用户"智造"的首要步骤，继而打造信息体系、进行社交营销和客户服务，实现个体的信息交互。用户的信息交互过程是根据目标用户群体和行业业务特征来制定的，一般而言可以分为3个阶段，如图8-15所示。

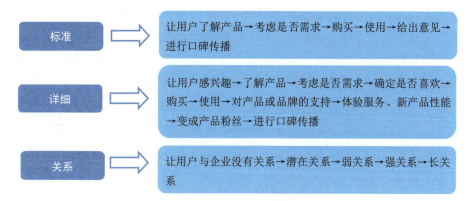

图 8-15　用户交互流程

在社群运营中，由用户所产生的图片、文章、视频以及评论等媒体内容对企业产品研发过程或者销售决策过程产生影响时，就很有可能得到一定的回应。

在互联网大环境中，用户希望无论何时何地，有何需求，都可以直接接触企业。因此，企业应该在社群运营中建立实时回复体系，以满足用户需求。此时，用户的参与度为重要的带有指向性的部分。因此，用户主导的4种体验则构成了完整的信息体系，如图8-16所示。

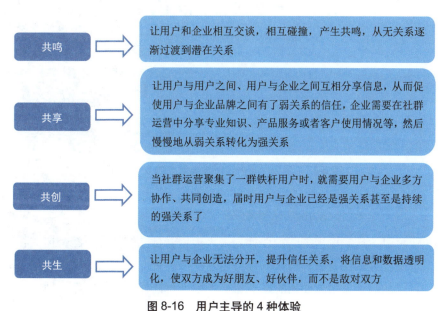

图 8-16　用户主导的4种体验

8.4.2 留存：让用户制造和分享内容

在社群运营中，为了留住用户，制造用户喜闻乐见的内容是必不可少的。很多企业认为内容的制造只是简单地向用户提供文本、图文、音频、视频等形式的信息，实际上，在社群运营中，"智造"的前提条件是依靠用户的需求来创造和分享内容。因为只有这样的内容才能满足用户需求，并提升用户的活跃度，促使用户成为社群运营的目标用户。

对于企业而言，不同类型的内容价值也不同。例如，若用户提供了评论产品的内容，企业就可以从中吸取精华，用在产品改善上；若用户提供了娱乐类的内容，企业就可以记住内容中的特点，查找相关内容，并发到社群中去，吸引社群用户的注意力。

> **专家提醒**
>
> 在社群运营中，内容是需要有标签的，而标签就是一种标注内容的属性、关键词的工具。企业通过标签可以进行过滤、聚合和快速找到用户所需要的内容，从而提高用户查找内容的效率。

企业在社群运营中发布内容时，一般需要从 3 个方面进行考虑，具体内容如图 8-17 所示。

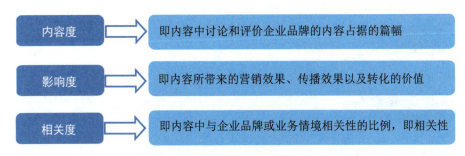

图 8-17　企业发布内容时需要考虑的 3 个方面

8.4.3 培养：好体验拥有铁杆粉丝

企业可以通过制订详细的粉丝计划来大力培养自己的铁杆粉丝，树立相同的观念，最终打造成拥有铁杆粉丝的社群运营平台。企业在"培养铁杆粉丝"的过程中，可以从以下 3 个方面出发，一步一步地进行铁杆粉丝的培养计划。

(1)聆听用户的心声、与用户互动、耐心与用户对话,只有这样粉丝才能有被尊重的感觉,提升用户体验。例如,荷兰航空公司跟踪在机场签到的粉丝乘客,在登机的时候给顾客送上一份个性化的礼物,从而彰显出荷兰航空公司一直关心乘客,让乘客有好的体验。

(2)从粉丝需求出发,通过奖励来提升粉丝的活跃度。分析粉丝的需求、制订好奖励计划,送上用户需求的礼品,这样能大大地提升粉丝的体验,进一步巩固粉丝的留存率。

(3)与粉丝进行线下活动。企业可以在社群运营过程中发布一些活动,为粉丝提供参与的机会、有趣好玩的经历以及优质的用户体验,使其获得更强烈的粉丝认同,从而与用户维持亲密关系。

专家提醒

"培养铁粉丝"的3个方面都是以提升粉丝体验为目的,让粉丝拥有一个好的体验才能触动其内心,促使粉丝心甘情愿地留在社群中,成为社群运作的一分子。

8.4.4 口碑:让粉丝乐于推荐给旁人

在社群运营中,要想顺利实现用户的"智造",就需要使用一些小窍门,比如赠送优惠的礼品,利用用户之间的口碑推荐等来打响企业品牌,为品牌树立良好形象。

社群运营中口碑的打造是需要粉丝的努力的,主要是在粉丝认可产品、品牌的基础上,心甘情愿地推荐给自己身边的人,从而形成口碑。一般来说,形成口碑的主要途径如图8-18所示。

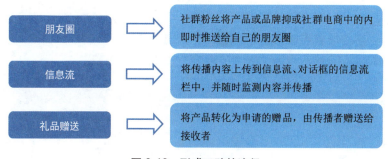

图8-18 形成口碑的途径

粉丝口碑推荐主要分为两个部分,即口碑推荐的出口部分和口碑推荐的入口部分,具体内容如图8-19所示。

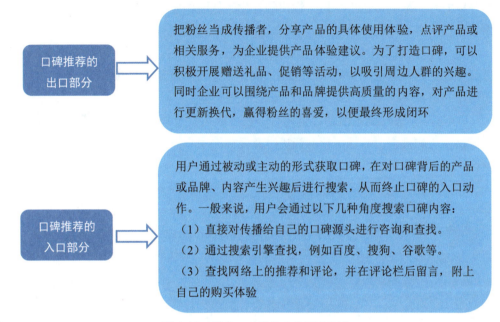

图8-19　粉丝口碑推荐分为两个部分

8.4.5　建群:用小圈子拉近双方情感

QQ群、微信群都是大家日常接触的社交媒体社群。其中,微信群是比较私密的,群的概念比较内敛,更多的是一些好朋友、小圈子,人数不多。人人都有理由建立一个微信群,然后在微信群里不断地交流,个人可以拉近与朋友之间的感情,企业可以拉近与粉丝之间的距离。下面以微信群为例介绍发起群聊的具体操作步骤。

步骤 01　进入微信"通讯录"界面,点击"群聊"按钮,即可进入微信群聊界面,点击群聊界面右上角的 + 图标,出现"发起群聊"界面,在群聊界面点击相应的好友,然后点击"确定"按钮,如图8-20所示。

图 8-20 建立微信群

步骤 02 执行操作后即可成功新建一个微信群，微信群成员就可以在群里互相交流，通过语音、文字、表情包等传递情感。点击右上角的 ▇▇ 图标，进入微信群"聊天信息"界面，可以修改群公告、群聊名称、群二维码等，如图 8-21 所示。

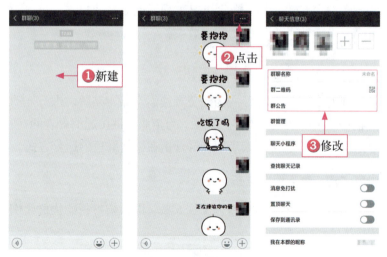

图 8-21 创建与设置微信群

8.4.6 加群：积极高效混群促成熟

目前，用户只能通过群中的人邀请和扫二维码的方式加入微信群。如果是群中的人添加用户，则不需要验证，可直接进入微信群。

另外，在微信群的"聊天信息"界面点击"群二维码"选项，即可查看该群的二维码名片，如图8-22所示，其他用户可以通过扫描该二维码加入微信群。

图 8-22　微信群二维码名片

企业可以通过加入一些比较火爆的微信群，或是兴趣爱好比较集中的微信群，进行社群营销，这样的群比较成熟，并且群成员的质量比较高，只要能吸引到他们中的一个人，都会有一个不错的传播效应。

8.4.7　管理：一对多悉心运营微信群

如今不少的微信群，都已经成为消费者搜索产品、品牌，进行互动交流的重要场所。微信群组可以实现一对多的沟通，为企业提供接近消费者的互联网平台。微信群的上限是 500 人，下面来了解社群营销在微信群里的运营方式。

1．内容运营：每天固定发布

针对群的定位每天固定发布内容 1～5 条，以微信打折购物群为例：每天发布 3 条，内容以特价商品为主。

2．活动运营：有目的地找话题

用户可以在群里与有共同兴趣爱好或话题的人畅聊，每天可找热点话题讨论；可定期开展讲笑话、猜谜语、智力问答等小游戏；可配合官方活动同步开展微信活动。

3. 会员运营：积极维护活跃成员

积极与群内活跃成员沟通，使其帮企业主一起发布内容，带动其他会员参与；设立类似群主的职位，让其在企业主不在的情况下帮忙维持群内秩序。

4. 微信群矩阵：粉丝利用最大化

建立多个微信群和公共号，互相推广，使粉丝利用最大化，努力让自己的社群成员主动变成企业的推广专员。

8.4.8 公告：让每个群成员一眼看到

在微信群组聊天中，商家可能会有重大的消息或是广告发布，然而有时可能会被其他客户的聊天记录淹没。为了避免这种尴尬的场面，他们需要另辟蹊径，在群组中找一个很好的宣传位置来放置重要的广告内容。在这个时候，"群公告"就起到了重要的作用。

当商家在设置"群公告"时，系统会自动将此条信息通知群内所有用户，并且保留在"群公告"中。当群友查看群里的信息，或是有新客户申请加入群中时就会看见群公告。那么群公告的内容一般是什么呢？如图8-23所示。

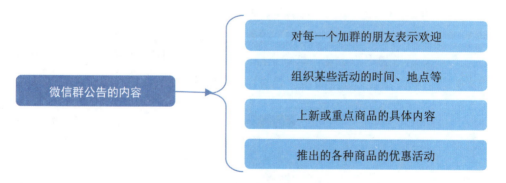

图8-23 微信群公告的内容

了解了"群公告"的具体内容后，接下来为大家介绍"群公告"的设置方式。

打开一个群组的聊天界面，点击右上角图标，在"聊天信息"界面，点击"群公告"按钮，进入"群公告"界面。输入想让好友了解的信息内容，点击"完成"按钮，即可完成"群公告"的设置，如图8-24所示。

图 8-24 设置"群公告"的方式

8.4.9 营销：塑造品牌增加用户黏度

企业在进行社群营销时，需要注意 5 个方面的问题：一是有自己的独特观点，二是把产品信息介绍详尽，三是要学会互动，四是要学会分享干货，五是要传递正能量，树立好口碑。例如，致力于打造美食的企业可以通过微信朋友圈发布一些关于美食制作的技巧，或者是配上带有文艺气息的文案，就能有效吸引用户的注意力，从而增加用户黏度，打响企业品牌。如图 8-25 所示为推送到朋友圈分享的广告，图文结合，还附带有"查看详情"链接。

图 8-25 朋友圈分享的广告

8.4.10 活动：发送红包活跃气氛

发红包，对于人们来说是一种喜庆的事情，比如某些节日长辈会给小辈发红包，或者是老板给员工发红包表示鼓励，抑或是结婚时发红包活跃气氛讨个好彩头等。随着社会文明的演变，发红包开始与互联网相结合，发红包的内容也越来越丰富。

"发红包"已经变成了"抢红包"，而微信群也成为了"抢红包"的好场所，也因为微信的便捷性，更多的社群成员希望参加进来，从而能在自己所在的社群中享受"抢红包"的乐趣。

如今，红包已经成为企业利用互联网吸引用户、营销的普遍手段，虽然微信不再独占鳌头，却不失当年的风采，吸引着企业利用微信红包来活跃社群的气氛。

如图 8-26 所示是微信群里的抢红包、拆红包界面。

专家提醒

企业还可以与微信合作，通过社交关系把红包的价值传递出去影响更多人，使更多的人知晓企业的社群。

图 8-26 在群里抢红包、拆红包页面

如果想要在社群运营中更加充分地利用"抢红包"这一活跃气氛的手段，还要注意以下几个方面的问题。

(1) 让用户尽可能成功地抢到红包。

(2) 发红包要一气呵成,不要让用户左等右等,最后失去耐心。

(3) 发红包要有金额限制。

第 9 章

留存促活：提升用户活跃度推进平台发展

学前提示

新媒体运营者在进行宣传推广后，吸引了一部分粉丝，但是却因为未学习到技巧而留不住粉丝，或者有些粉丝仅关注后就再未有后续了。这样的情况非常不利于平台的发展，运营者应该怎么做呢？

本章将从粉丝的留存与促活两个方面详细介绍解决办法。

要点展示

▶ 留存运营：以心换心赢得粉丝口碑
▶ 促活运营：用最少的钱做最好的投资

9.1 留存运营：以心换心赢得粉丝口碑

新媒体的宣传推广固然重要，但是必要的用户留存技巧也是不可或缺的。部分新媒体平台可能因其宣传推广吸引了一定的用户，但是却因为未掌握用户留存技巧而无法留住用户，这十分不利于平台发展。下面将介绍一些实用的用户留存技巧。

9.1.1 产品：把控质量才能收获好评

质量是产品价值的重要体现，每个顾客都希望自己买到的产品的质量是过关的。正是因为在购物之前对产品的质量就有了一定的预期，所以，顾客会结合实际和预期给产品作出评价。而此时产品的质量从一定程度上来说就直接决定了用户的购物体验。

大家在查看顾客评价时，经常会发现：明明是同一商家的同一批产品，却会出现截然不同的评价。如图 9-1 所示为"京东购物"小程序中顾客对同一商家产品的评价。

图 9-1　顾客对同一商家销售的产品的评价

从图 9-1 不难看出，虽然是对同一商家的同一款商品作出的评价，但是，顾客的评价却呈现出明显的两极化。如果仔细查看的话，就会发现，顾客给好评是因为"质量好"，给差评的原因则恰好相反。

而这些关键词又正好是顾客对产品质量的形容。换句话来说，顾客的购物体验是基于产品质量的。其实，即便是在其他外在条件都挑不出毛病的情况下，只要产品的质量出了问题，顾客都不可能留下好的购物体验。因此，在新媒体平台的运营过程中，运营者一定要把好质量关。

需要说明的是，产品质量是顾客留存的关键，一旦在顾客心中出现质量不好的印象，很可能会直接造成销量的剧烈下降。所以，当顾客对质量有疑虑时，运营者一定要利用各种社交方式进行沟通，让产品在顾客心中留下良好口碑。

9.1.2 推送：把握内容差异化和精准化

在运营过程中，经常听人说起差异化、精准化，仿佛放在哪里都是适用的，其实也是如此，它们是成功留住用户的两个主要原则。

对用户来说，他们首先是具有差异化的个体，不管是个人爱好，还是个人属性都是不同的，而运营者留住用户，让用户对平台产生认同感和归属感，就应该以差异化、个性化的产品和服务为运营内容，让用户觉得你对他们是用了心的、是重视的，这样不仅有利于用户的留存，还有利于后续营销的实现。

在对用户的不同的爱好、属性有了了解的情况下进行的运营工作，不仅是差异化的，同时也是精准化的。针对用户有了差异化和精准化的运营，能：

- 及时——急他们之所急；
- 周到——想他们之所需；
- 暖心——荐他们之所喜。

做到这三点，让用户享受到不一般的运营推送成果，那么，带给企业和运营者的回报同样也是可喜的。就拿淘宝来说，这一平台的很多模块和页面的设计是建立在不同用户有着不同兴趣爱好的基础上的，产品推荐也是如此，如图 9-2 所示，明显可以看出椭圆中推荐的是不同类型的商品。

图 9-2 淘宝平台的差异化、精准化运营

这样，用户能从中更快速地找到自己所需要的、合适的产品，无疑是能更快地引导用户消费。当然，这样更便于用户消费的方式是用户喜欢的，从而用户也乐意留在该平台上购物。

9.1.3 引导：让用户快速地熟悉平台

在具体的用户留存运营中，对一些新用户来说，他们是首次使用平台产品和关注平台内容，还不了解和清楚平台。此时，如何让用户更快地熟悉起来，更快地进入用户的角色，就成了决定用户留存的主要原因之一。

只有做好了引流到平台的新用户的引导工作，才可以让用户对平台及其内容产生兴趣，从而愿意继续关注平台内容和体验产品。此时，我们可以从平台产品出发，做好用户引导的设置工作。这可以从多个方面来完成，下面举例进行介绍。

例如，在资料页上，要想做好用户引导，就需要在功能介绍上能体现新媒体账号的亮点和内容，有利于为用户提供认识基础。如图 9-3 所示为"运营控"公众号的资料页界面。

该公众号的功能介绍上用了"入门指南""干货资料"和"深度精华"来呈现平台内容，又对平台内容能带给你的帮助做了说明，带给用户的是实用、有价值的体验。同样，在如图 9-4 所示的欢迎页面上，运营者为留住用户做出以下努力。

❶ 对推送的历史文章进行超链接设置，点击进去后，可以进一步了解平台。

❷ "自定义菜单"设置，有利于用户有针对性地进入平台和阅读相关内容。

❸ 想要进一步接触和获得更多线下服务，也设置了相关链接，只有用户点

击进去，就能获得用户想要的结果。

图 9-3　公众号资料页面

图 9-4　公众号欢迎页面

9.1.4　需求：有针对性地解决用户问题

在我们看来，有针对性地解决用户的痛点需求，可从两个方面来进行，即从用户的需求出发解决问题和专攻一点解决用户痛点问题，下面将进行具体分析。

1. 了解用户需求

在运营者更清楚地了解用户需求的情况下，有针对性地解决用户提出的关于平台的不同问题，对于留住用户、减少用户的流失率有很大的作用，如图 9-5 所示。

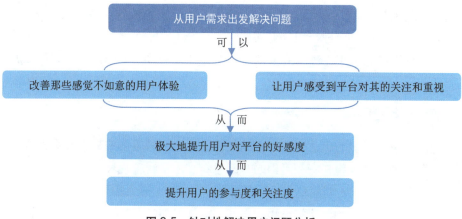
图 9-5　针对性解决用户问题分析

2. 专攻一点解决问题

古语有云："兵在精而不在多。"其实，不仅在军事领域如此，它同样适用于互联网时代的运营工作。任何平台的运营者，假如追求的是全面，那无非是可以吸引很多用户的，但是这是需要耗费巨大的人力、财力的，且在追求全面的过程中，可能一不留心就会出现知识性方面的错误，让用户产生不信任的心理，往往得不偿失。

因此，对于运营工作来说，我们选择的方向不是全面而是专攻一点，试图在某一点上做到极致，从某一极致的点上针对特定用户人群，解决他们的痛点需求，那么，这些有着明确指向的用户人群将会成为你平台的忠实粉丝。

基于此，运营者想更有效的留住更多用户，就需要在平台功能或内容上设置得简单一些，专门从某一角度有针对性地解决用户痛点问题，不失为一种好的运营技巧。

9.1.5 奖励："签到+积分+任务模式"机制

在运营过程中，用户留存的关键就在于让用户认准该新媒体账号，不愿意离开。基于此，奖励机制的设置就是一个很好的契机，且很容易在社交推广中形成雪球效应，推动运营发展。奖励的形式有很多种，下面将举例进行介绍。

1. 积分奖励

在奖励机制模式中，积分类的奖励可以说是最为常见的。这种模式在目前互联网环境下比较流行，能够很好地增加普通用户，并不断地培养出核心用户。比如，用户进入"i麦当劳"小程序之后，便可在首页看到"我要积分""积分商城"等内容，而在该小程序中，用户利用积分可以兑换一定价值的商品，如图9-6所示。

除了在新媒体平台推行积分奖励外，运营者还可以通过打电话、发信息等社交方式，让顾客知道正在进行的活动。从而让顾客一传十，十传百，自行向周围人宣传。

2. 任务奖励

之所以越来越多的运营者将任务奖励模式作为一种重要的营销手段，就是因为它对潜在消费者来说是有利可图的，而对新媒体平台来说又是可以直接增加人气的。这一奖励模式十分简单：运营者提供一个任务（通常需要与社交相结合），如下载、转发、分享和评论等，用户将其完成，就能够获得优惠、返现和积分等奖励，而在此过程中，平台不仅能获得用户的使用时间，更能通过用户的社交圈获得更多新用户。

国内采用任务奖励模式并成功获得大量用户的 APP 软件有很多，比如，"京东"APP 中有"有奖活动"专栏，其中有多种获奖方式，如图 9-7 所示为参与投稿即有机会获得奖励。用户打开 APP 后，点击屏幕下方"购物圈"按钮，即可在页面中看到该专栏，按要求参与即可拿到奖励。

图 9-6　通过积分获取优惠券

图 9-7　参与投稿即有机会获得奖励

3．签到奖励

签到奖励几乎是大部分互联网平台都具备的模块，尤其是建立了积分奖励机制的平台。地理位置签到服务，简称"签到"，是指可以将地理位置信息同时"签到"到多个地理位置服务的应用。

签到的模式极其简单，所以在 APP 中被广泛使用，也是目前使用比较频繁的一种与用户互动的营销模式。尤其是进入移动网络时代，位置成为了连接每一次移动的节点，位置即生活。

综观各应用中的签到形式，大多数仍为传统的在登录应用之后进行签到。但是这种签到形式起到的作用其实是比较有限的，运营者可以适当对签到形式进行创新，赋予签到社交价值。比如，基于人好面子的天性设置签到排行榜，增加签到的趣味性和竞争性。微信朋友圈里流行的拼步数，许多用户为了排名更靠前，使出浑身解数拼命地走路，每天能走到两三万步甚至更多，这就是利用了用户的心理竞争来推动软件的发展。

9.1.6 营销：用内容形成品牌效应，增强黏性

品牌黏性的增强重点在于优质内容的运营。当新媒体平台能够为用户提供优质内容时，用户会主动向周围人宣传，这样一来，用户的社交圈便能为运营者所用了。

通过内容形成的品牌效应去增强新媒体平台的用户黏性需要一个过程，运营者在此过程中，不仅要不断创新和完善自己的产品内容，还应通过社交营销使其影响力进一步加大。如图 9-8 所示为具体实施步骤。

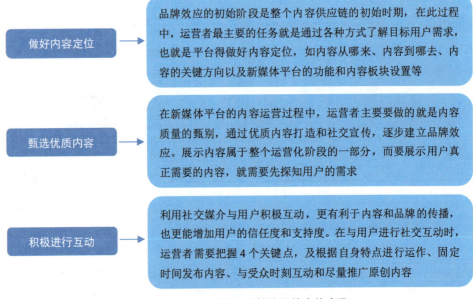

图 9-8 利用品牌增强黏性的具体实施步骤

9.1.7 福利：把握用户趋利性制定优惠网页

人都是趋利的，商家如此，受众也是如此。所以，如果一个新媒体平台能够给予受众一定的福利，让顾客觉得关注平台是值得的，那么，顾客自然会愿意留下来。

为此，运营者要适当采取"以小舍换大得"的策略，以向受众赠送一些福利为噱头，通过社交媒介和受众自行进行宣传，让平台获得更多的流量和更大的影响力。这一方面最具代表性的新媒体平台当属"拼多多"APP 了。

一进入该微信小程序电商平台,用户便会看到各种各样的活动。这其中既包括有时间限定的"限时秒杀"板块,也包括有数量限定的"爱逛街"板块,既包括以低价为卖点的"9块9特卖"板块,也包括以品牌特卖为切入点的"名品折扣"板块和"品牌清仓"板块,也包括签到即送现金抵销券的"现金签到"板块,还包括该平台十分具有特色的"砍价免费拿"板块等,如图9-9所示。另外,在该微信小程序中还可以享受拼单优惠、红包满减等福利。

图9-9 "拼多多"APP各板块

从以上内容不难看出,在"拼多多"APP中,即便是买一件商品用户也可以从多项活动中选择更实惠的。这样一来,消费者的利益便从一定程度上得到了保障,他们自然而然地也就会将该平台作为重要的购物渠道,甚至在社交过程中将其推荐给周围的人。

9.1.8 评价:及时沟通处理中差评留言

当平台留言中出现了中差评,运营者一定不要慌张,而要及时沟通处理,这就体现出了售后服务的重要性。从这一方面来看,运营主要注意两个方面的问题,如图9-10所示。

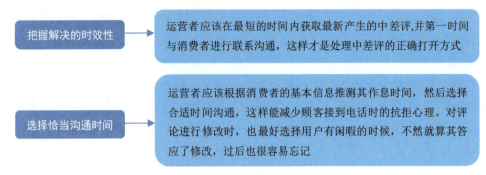

图 9-10 运营者处理中差评时机应注意的问题

同时，要保证沟通顺利进行，运营者在沟通之前还应该注意两个问题，那就是找出中差评原因和合适的联系方式，具体内容如下。

1. 找出中差评出现的原因

当平台内容留言中出现了中差评后，第一时间要做的是从自己这方面找出受众给出中差评的原因，这样才能从源头上解决问题。

2. 选择合适方式及时联系

运营者需要就解决中差评问题这一过程，选择一种合适的联系方式与对方进行沟通，如QQ、微信、电话、邮件和短信等。相比起其他的联系方式，电话联系通常来说显得更加郑重一些，它更能让受众感受到被尊重，所以，电话联系是联系受众的首选方式。

9.1.9 投诉：5大角度沟通降低运营损失

用户投诉是很多新媒体平台运营过程中遇见的比较头疼的事情，如果没有掌握应有的社交沟通技巧，可能很多时候劳心劳力，还不一定能获得用户的认可。对此，运营者在解决用户投诉时，可以从如图9-11所示的5个角度入手，把投诉所造成的损失降到最低。

图 9-11 第一时间处理用户投诉的具体做法

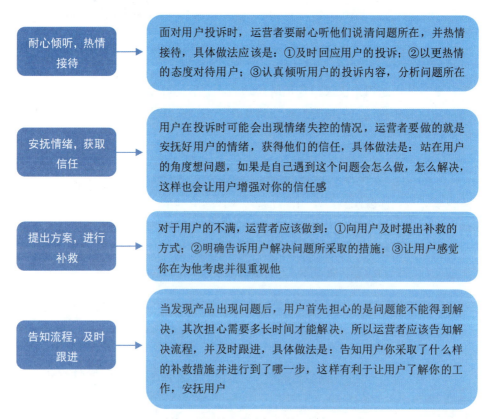

图 9-11 第一时间处理用户投诉的具体做法（续）

9.1.10 体验：积极跟踪与观察用户的感受

数量众多的用户，对于平台的体验也是有区别的。正是这种体验决定了他们对平台账号的观感，也决定了有多少用户愿意继续留在平台上。

而从客观上来说，平台产品是不可能十全十美的，总是存在让用户感觉不如意或欠缺的地方，只有不断减少这种让用户不如意的体验，才能有效减少用户流失。

那么，在具体的过程中，面对客观的可能存在的问题和用户主观的不完美体验，运营者要做的就是去跟踪收集用户的体验，从而区分出哪些地方在运营上是做得好的，哪些又是需要改进的，把这些资料和信息收集整理出来，才是解决问题的前提条件。

9.2 促活运营：用最少的钱做最好的投资

相信运营者在运营过程中已经注意到了，每次推送图文信息的阅读量一般最多只是用户数的 10% 左右，其他没有阅读内容的用户，有些是对此次信息不感兴趣，更多的还是用户仅仅只是在最初的关注之后就再没有后续工作了，对于这些用户，运营者应该怎么做呢？本节将从 7 个方面来具体介绍怎样让用户活跃起来的。

9.2.1 活动：5 种方式快速促活

想要让用户活跃起来，利用活动是一种比较有效的方式。一般说来，只要是活动，就在促进用户活跃上有一定的影响，只是这种影响有大有小。

我们运营过程中一般会选择能极大地活跃用户的方法，在此，简单介绍人们常见的促活用户的活动，如图 9-12 所示。

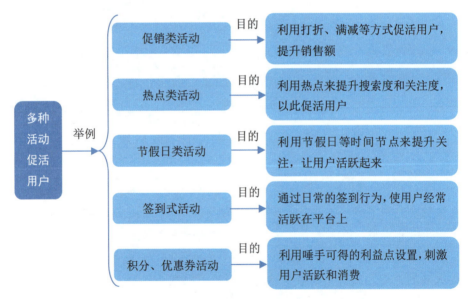

图 9-12　多种活动促活用户介绍

9.2.2 机制：物质激励巧妙促活

除了活动外，企业和商家制定用户激励机制也是一种必要的促活用户的技巧，一般包括物质、精神等方法，在此介绍利用物质激励机制促活用户的方法。

这里的"物质"既可以是具体实体的物质,也可以是虚拟的物质,利用不同形式的物质进行用户促活,是众多企业和商家选择的方式,具体分析如图9-13所示。

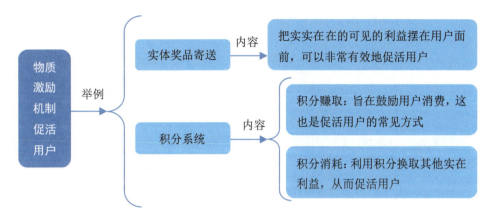

图 9-13　物质激励机制促活用户分析

9.2.3　勋章:低成本的精神奖励促活

相较于物质激励机制促活用户而言,精神激励机制所耗费的成本明显更少,它更多地是从满足用户的心理需求出发,用能代表人自豪、荣誉的方式来激励用户和促活用户。相较于物质激励来说,其影响明显更持久。

就如人们常说的勋章,一般说来,在现实生活中,只有做出巨大贡献和成就的人才能获得,其所代表的是荣誉和地位,人人想要获得勋章,这在现实生活中是不能完全实现的。基于这一点,一些平台以颁发虚拟的勋章来激励用户关注,并让其积极活跃在平台上。

又如,无论是排行榜还是特权,都是用户积极活跃在用户上并持续有着某种活跃行为才出现的,以下是从精神上激励用户的两种主要方式。

- 假如用户根本不去关注平台,对平台建设没有任何助力,那么其在排行榜上的位置必然是靠后的,自然也丧失了"特权",因此,他们急于表现,经常关注平台和参与平台活动。
- 而对于那些在排行榜上靠前和拥有了特权的用户而言,他们有一种"秀出于林"的优越感,自然也就激励他们更多地活跃在平台上。

9.2.4 通知：直接可见的活跃度显示

运营者和平台每天推送信息，用户每天接收信息，看起来平台与用户之间很活跃。其实不然，这种信息的推送和接收，用来考察活跃度是没有任何依据的，因为平台与用户个体之间是没有一对一直接接触的，长此以往必然使得用户与平台之间关系漠然。

要改变这种状态，可以采用更直接的信息通知方式来活跃用户与平台之间的关系。具体说来，利用信息通知的方式促活用户主要短信、服务信息（PUSH）、电子邮件（EDM）和弹窗等形式，具体内容如下。

1. 短信、Push（服务信息）

无论是短信还是 Push 都是信息，因而在实现用户促活上有着共同点。首先，它们都有着比较高的送达率和打开率，这一点对用户促活非常重要，也是运营者选择这一渠道促活用户的主要原因。

但是要注意的是，在考虑其优点的同时也不要忘了其缺点的存在。这一类的用户促活方式，一方面，它内容比较单一，大多是以文字为主的文案形式，有时包含链接，在内容的新颖和吸引力方面明显有所不及；另一方面，这种方式用得多了，容易让用户从心底反感，一不小心就有可能被拉黑或屏蔽。

可见，用短信、Push 促活用户，犹如一把双刃剑，只有把握一个度，才能产生效果；否则，将会适得其反，让用户讨厌的同时也破坏了前期已有的运营成果。那么，怎样才能让这把双刃剑向好的一面发展呢？一般说来，应该从以下几个方面着手，如图 9-14 所示。

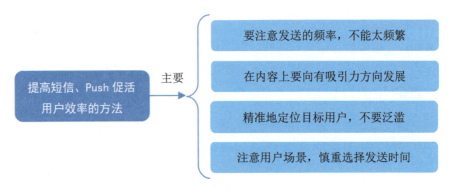

图 9-14　提高短信、Push 促活用户效率的方法

2. 电子邮件信息 (EDM)

与短信、Push 促活用户相比，发送电子邮件来促活用户的优势主要表现在其内容类型的多样性上，除了短信、Push 方式常见的文字和链接外，还可以包含图片、视频等内容。当然，任何事物都有两面性，用电子邮件促活用户也是如此，它的劣势主要表现在电子邮箱的使用率较低和容易被屏蔽两个方面。

运营者如果想要利用电子邮件更好地完成用户促活的任务，那么就需要在以下两个方面加以努力。

- 标题方面：需要撰写一个非常吸睛的标题，这样用户才会愿意打开，才有接受召回的可能；
- 规范方面：应该确立一定的规范，从而让其符合发垃圾邮件联盟的规范，这样才能不被屏蔽。

3. 弹窗信息

弹窗，是一种自动弹出的广告窗口，旨在获取流量和提升人气。虽然弹窗可能会对用户浏览网页和平台内容造成困扰，但是运营者如果能合理运用它来传达信息，也不失为一种不错的信息通知方式。特别是那些包含福利的弹窗，在促活用户方面是有奇效的。

如图 9-15 所示为"京东"APP 平台上的弹窗信息，显示了用户能获得的福利信息。平台推出这样的优惠信息，会有很多用户关注，假如他们确实有需要的话，在各种情况的权衡下极有可能选择通过该平台来消费的，这样用户就会马上活跃起来。

图 9-15 "京东"APP 弹窗

这些方式都能达到以更加醒目、直接的方式来传达信息的要求，从而可以增加与用户之间的联系，活跃用户。

9.2.5 提醒：版本更新的促活行为

无论是在手机移动端还是在 PC 端，你可能都会时不时地发现有软件的更新提醒，特别是对移动端用户来说，短信方式的版本更新提醒还是容易接受的。而用户一看到该信息，可以表现为 3 种程度的用户促活。

- 在看到信息的那一刻意识到自己作为某一平台用户这一身份，这在一定程度上从心理上促活了用户。
- 促活效果更进一步，那就是用户同意了版本更新并进行了操作，这就表示该平台对于用户来说还是有用的，不舍得卸载和删除。
- 促活效果再进一步，那就是用户在版本更新之后去关注了版本的变化和平台信息，这一种促活是直接表现在行为上的。

可见，版本更新提醒也是一种有效的促活用户的技巧，这对于拥有自己的软件，如 APP、小程序等的企业和商家是适用的。

9.2.6 列表：安排任务提升用户体验

用户关注某些平台，基于娱乐而进行浏览和关注是选择的主要原因之一，在这一原因上再加持一个操作——任务列表，可以进一步提升平台的娱乐性质，从而让用户从中感受到愉悦身心的价值所在，自然会活跃起来。

除了娱乐这一性质因素之外，任务列表还是有些用户获取奖励或提升账号等级的必经途径。特别是在游戏平台上，任务列表一般是必备的组成插件，如图 9-16 所示。

图 9-16 某游戏平台任务列表

而把任务列表借鉴到一般平台的运营过程中来，对用户运营来说，从理论上讲是完全可行的。

在设置了任务列表的情况下，假如设置的任务是比较容易做到而奖励又是用户所需要的，那么那些处于休眠期的用户，自然而然会加入完成任务的用户行列中。

可见，无论是娱乐方面的原因，还是为了获取奖励，抑或是为了提升账号等级的原因，任务列表这一方式都可归结为促进平台用户活跃。

9.2.7 等级：福利差异提升用户活跃度

现在，很多企业和商家在运营平台上，都设置了用户的成长等级，这一设置的作用，除了有利于用户管理、给用户提供更贴心的服务外，还是促活用户的有效措施。

对用户来说，其成长等级越高，代表用户可享受的特权也就越多，因而用户都是希望自己的等级越来越高的，而为了提升自身等级，用户一般需要有更多贡献值，而更多贡献值的来源是包括多个方面和多种形式的，而不论哪一个方面和哪一种形式，首先都需要用户是活跃在平台上的，而其贡献值是其活跃程度的表现。

例如，在"支付宝"APP中，有关于用户的蚂蚁会员等级的相关权益介绍页面和等级的设定，如图9-17所示。

图9-17　游戏平台任务列表

从图9-17中可以看出，成为黄金会员后，便拥有了诸多福利，且等级越往上升福利越丰厚。那么用户为了提升自己的等级、享受更多的福利和方便购物，会毫不犹豫地选择在平台上活跃起来。可见，在新媒体平台的用户运营中，设置合理的、合适的用户成长等级和可享受的特权，也是有利于用户促活的。

既然提及了用户的成长等级与可享受的特权，那就不能不说到用户等级福利的设置与用户促活之间的关系。

人们常说平等，然而把"平等"这一理念放在用户运营中，其意义发生了一定的变化，这里的平等指的是所有的用户都有权利获得更高用户成长等级，所有用户完成成长等级上升的标准都是一样的，而不是说所有用户（这里包括不同等级的全体用户）可享受的权利是一样的、平等的。不同等级之间的用户可享受的福利存在差异，所谓"多劳多得"就是如此。

用户等级福利的设置为用户活跃提供了一个成长的目标和理由，因为他们知道，只有付出更多的贡献值，才能提升等级，并享受相应的等级福利。假如在用户运营中，所有的用户等级可享受的福利是一样的，那么，用户那么努力地完成等级成长、积极在平台上活动又是为了什么呢？难道纯粹是为了那一个好听的虚荣的等级名称吗？我们认为，可能在一些用户看来，等级名称是很重要，然而他们更加看重的还是等级成长之后的福利。

第 10 章

实战案例:"手机摄影构图大全"新媒体运营笔记

学前提示　前面章节讲了很多新媒体运营的平台、注册推文步骤及流程,本章以公众号"手机摄影构图大全"为例,传授运营者一些新媒体平台的运营经验和推广技巧,以及新媒体运营中需要注意的事项,让运营者少走弯路。

要点展示

▶ 今日头条:熟练平台的运营技巧
▶ 一点、搜狐:引爆阅读的实战技巧
▶ 简书平台:文章吸粉导流的小技巧
▶ 网易、企鹅:提升权益的分析技巧
▶ 小程序:关联微信轻松获取流量入口

10.1 今日头条:熟练平台的运营技巧

运营者的头条号通过新手期后,应该要更加用心。因为让头条号保持一个好的阅读和推荐的数据需要更多的运营方法。因此,运营者每发一篇文章都应该总结该篇文章所遇到的问题或好的方面,争取每一次都能够上今日头条的首页,让更多的用户看到文章。

虽然在第 5 章中已经讲解了很多关于今日头条运营的方法,但是运营新媒体平台是一个不断学习的过程。所以,下面再分享一些之前没有讲过的运营技巧。

10.1.1 注意:尽量不要删除文章

在头条号上成功发布文章后,有很多运营者会因为推荐量不高而反复修改文章,且修改次数过多导致系统不推荐后,甚至会选择删除文章。

运营者要意识到删除文章不仅失去的是一次发文数,还会影响到头条号指数。运营者在删除文章时,系统会有相应的提示,表示文章删除后重复发表不会再有推荐,且占用当天的发文数,如图 10-1 所示。因此,如果不是未通过审核的文章,运营者最好不要删除。

图 10-1 删除确认对话框

10.1.2 运营:文章求收藏点赞转发

运营者发布文章后,要想办法获得他人的收藏、点赞和转发。因为高的收藏量、点赞量和转发量可以提高文章的推荐量和阅读量,特别是收藏量和转发量。运营者需要知道的是,在今日头条的 PC 端查看文章只可收藏和转发,如图 10-2 所示。

图 10-2　今日头条 PC 端页面的收藏、转发

在今日头条的 APP 上查看文章可以转发、收藏、点赞、赞赏，如图 10-3 所示。

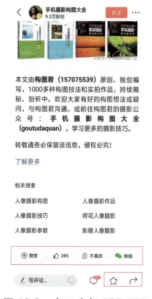

图 10-3　今日头条 APP 页面

运营者单击头条号主页左侧的"数据分析"按钮，在"概况"页面即可查看文章的推荐量、阅读量等诸多数据，如图 10-4 所示。

图 10-4 消息中心页面

10.1.3 分享：站内站外同步推送

在今日头条上有"转发"的功能，转发也可以提高文章的推荐量和阅读量。

单击文章数据栏下方右侧的"转发"按钮，即可转发到相应的平台，如微博、QQ、微信等，如图 10-5 所示。

图 10-5 单击"转发"按钮

查看站内和站外阅读，运营者单击文章阅读数旁边的"？"按钮即可，如图 10-6 所示。

图 10-6 单击"？"按钮

10.1.4 互动：评论区的留言回复

回复评论是运营头条号除发文之外最重要的事情之一，与读者互动可以提高头条指数中的互动度。如果运营者的文章没有评论量，或者是差评太多，可以采用以下方法进行互动。

- 在文章的结尾处主动向读者发起评论邀请，让读者参与到评论中来，并发表自己的看法和建议，增加文章的评论数量，提高互动度。
- 运营者要积极回复读者的评论。
- 让公司的成员在文章下进行中肯的评论，制造评论的热潮，点燃读者参与文章评论的欲望。
- 公司人员参与评论时，不能给差评，并且要互相进行点赞和回复。因为文章的评论区显示评论的数量有限，一般点赞率高的评论会优先展示。好评率也能影响互动度。
- 运营者搜索或关注今日头条平台上阅读量高的文章，对其内容发表自己的独到见解，引起他人点赞和回复；或点赞该文章评论区里已有的评论。一是提高自己头条号的互动度，二是宣传自己的头条号。

运营者可以在头条号"文章管理"|"评论管理"页面中，回复读者的评论，如图 10-7 所示。

图 10-7　评论管理页面

需要注意的是，评论的回复内容是有审核程序的，一般运营者回复带有广告性质的内容，会被系统删除或者要过一段时间才会显示在评论区里。

10.2 一点、搜狐：引爆阅读的实战技巧

一点号和搜狐公众平台是新媒体平台中文章阅读量仅次于今日头条的平台，运营者如果申请入驻了这两个平台，也应该好好经营。下面分享一些运营一点号和搜狐公众平台的技巧。

10.2.1 咨询：一点号审核的快慢

前面讲过提高文章阅读量的一个方法是注意文章发布的时间，最好是选择在用户休闲、娱乐的时候发文。但是一点号的文章审核有时候会很慢，从而错过用户最佳阅读文章的时间。那么，怎样可以让文章快速地通过审核呢？运营者可以借鉴以下方法。

打开手机 QQ，在屏幕底端寻找"看点"按钮，点击并进入页面，在屏幕上方搜索并关注"一点资讯"QQ 订阅号，进入如图 10-8 所示的页面，点击右上方的 ••• 按钮。点击"发起会话"按钮，出现如图 10-9 所示页面即可与一点资讯客服进行简单咨询，如图 10-10 所示。

图 10-8 "一点资讯"订阅号首页　　图 10-9 发起会话操作　　图 10-10 与客服进行简单咨询

10.2.2 推广：转发分享的重要性

每一个新媒体平台都会有分享功能，搜狐公众平台也不例外，由此可见，分

享在新媒体运营中的重要性。

运营者分享自己的文章到微博、QQ 空间、微信朋友圈、博客等平台，可以让不同平台的用户看到发布的内容，从而实现高的引流和推广效果。搜狐公众平台能够分享到新浪微博、QQ 空间和微信朋友圈。进入搜狐公众平台的文章页面，注意到文章左侧的分享图标，分别单击对应的图标可分享至相应的媒体平台，如图 10-11 所示。

图 10-11　搜狐公众平台文章分享

10.2.3　分析：平台文章的相关数据

运营者如果想要让一点资讯平台推文导粉的效果更佳，需要做好相关的数据分析，以此来找出更好的推文方案，为平台引入更多的粉丝。而数据的查看十分便捷，运营者登录一点账号，在屏幕左侧寻找"数据"按钮，就可以对相应数据进行单击查看，如图 10-12 所示。

图 10-12　一点号的数据分析

10.2.4 设置：搜狐平台发文版式

搜狐公众平台发文也要注意排版，一篇美观的文章可以增加用户阅读和停留的时间。运营者可以用搜狐平台编文时的设置栏对文章内容进行排版。

设置栏包括撤销、重做、加粗、字号、引用、有序列表、无序列表、对齐方式、插入链接、选择图片、添加视频和自动排版，如图 10-13 所示。

图 10-13　搜狐公众平台的设置栏

10.3　简书平台：文章吸粉导流的小技巧

简书作为新媒体平台中以写作为主的平台，运营者想要运营得当且收获不错的引流效果十分不容易。下面将分享一些运营简书平台的技巧来引流导粉。

10.3.1　运营：创建专题的步骤

运营者应该知道，在简书上发布文章后，需要对文章进行专题投放，且专题作者收录后，订阅该专题的用户才能看见发表的文章。因此，文章的专题投放是简书发文中最重要的操作之一。下面简单介绍创建简书专题的步骤。

步骤 01　首先登录简书账号，单击头像，选择"我的主页"按钮进入个人主页，单击屏幕右侧"创建一个新专题"按钮，如图 10-14 所示。

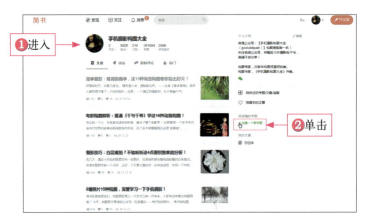

图 10-14　单击"创建一个新专题"

步骤 02 执行以上操作后,进入"新建专题"页面,如图 10-15 所示。输入所有信息后单击"创建专题"按钮,即可创建成功。

图 10-15 新建专题页面

值得注意的是,运营者一个账号每天只可创建一个专题。

10.3.2 涨粉:可控的点击阅读量

在简书平台上的文章阅读量是以点击文章一次,则增加一个阅读数,如果是同一个简书账号点击文章,也可记入总阅读量中。

因此,运营者可以注册多个简书账号,在初期运营没有阅读量的情况下,自己多次点击文章并进入阅读界面,不需要读完文章,这样也可以增加文章的阅读量。

建议运营者这样做的原因,有以下两个方面。第一,简书用户容易被阅读量高的文章吸引;第二,高的阅读量容易冲至简书平台首页,且容易被未投的专题栏收入。

10.3.3 引流:评论回复添广告

运营者可以在简书的评论中回复含有广告信息的内容,如图 10-16 所示。

图 10-16 简书评论部分页面

以图 10-16 的回复为例，很大一部分简书用户都会愿意添加"手机摄影构图大全"的微信公众号。一是单个回复的方法能让读者感受到被重视，二是简书平台的用户大多数是自媒体和写作方面的作者，大家会给予支持。

因此，运营者一定要时刻关注简书平台中的评论，及时把广告推送出去。

10.3.4 交流：给粉丝发送简信

与众多新媒体平台不同的是，简书平台有"简信"的功能，运营者可以与粉丝进行私信沟通和交流。具体步骤为在屏幕上方消息栏下方单击"简信"按钮，进入聊天页面，如图 10-17 所示。

图 10-17 单击"简信"按钮

建议运营者把简信充分利用起来，不要只顾着发表文章和回复评论，简信可以建立起粉丝与运营者之间的感情，不仅增加了互动，而且能提高粉丝对运营者的信任。例如，运营者可以设计一些问题，用简信做一个问答活动。

10.4 网易、企鹅：提升权益的分析技巧

网易媒体和企鹅媒体也是新媒体平台中引流效果比较好的，运营者注册成功之后一定要多多发文，争取获得更多的账号权益。下面分享这两个平台的运营方法。

10.4.1 注意：网易号的结尾引导

运营者在网易号发布文章，不能在文章内容中加入广告引导词，因为这样做会影响审核通过。例如，微信公众号、欢迎转载等敏感的引流语。如果运营者添加了类似的词汇，文章发布后，网易平台不会显示文章的广告。

10.4.2 查看：网易号的各项数据

运营者可以在网易媒体号左边的项目栏中单击相应的标签项，在右侧查看图文数据、视频数据和订阅数据。数据主要分为关键指标、数据趋势、数据摘要、数据明细4个方面的数据分析。如图10-18所示为图文数据页面。

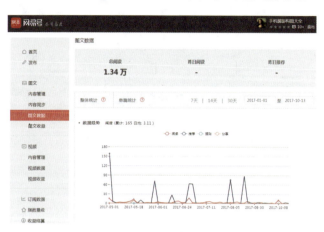

图 10-18　图文数据页面

10.4.3 划分：发文获取星级权益

运营者登录网易号，可以看见在后台的头像下方有一栏5颗星的标识，该星级表示的是运营者网易号的等级，星级越高可获得越多的权益。

星级划分的标准，如图10-19所示。新入驻的账号当月成功发表9篇文章后，可以自动升级为1星账号。如图10-20所示为各星级享受的权益。

星级划分：

网易号按照自媒体账号的阅读数、新增订阅数、分享数、跟帖数、原创文章数等5个维度进行综合积分，设为1星到5星五个等级，3星以上账号分享该级别的奖金池。

图 10-19　星级划分的标准　　　　图 10-20　各星级享受的权益

10.4.4　统计：企鹅号的数据分析

运营者可以在企鹅媒体号的"数据"项目栏中查看图文统计、视频统计、订阅数统计和企鹅号指数。如图 10-21 所示为图文统计页面。

图 10-21　图文统计页面

企鹅媒体号与今日头条一样，也有一个平台指数分析，如图 10-22 所示。

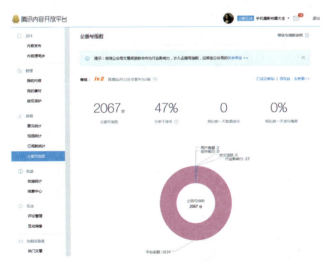

图 10-22　企鹅号指数

由图 10-22 可以看出，企鹅号指数包括用户喜爱、创作能力、发文活跃、行业影响力、平台奖励 5 个方面。汇集了企鹅号在企鹅媒体平台、天天快报、腾讯新闻、腾讯视频等平台的表现。

运营者需要知道的是，企鹅号正式运营一个月左右且视频内容在发布的文章中占比超过 50%，才有企鹅号指数展示。企鹅号指数更新时间为每日上午 10:00。

10.5 小程序：关联微信轻松获取流量入口

对于小程序自媒体电商运营者来说，微信平台推广微信小程序主要有 3 种途径，其中，二维码更多地是提供线下入口，而分享功能则是将小程序推广至有一定联系的微信好友或微信群。只要自媒体运营者将小程序关联公众号，便可以额外拥有几个进入的途径。

10.5.1 通知：将小程序与公众号互相关联

将小程序关联公众号对于自媒体运营者来说，可谓是至关重要。这不仅是因为关联之后，可以通知公众号粉丝，更关键的一点在于，微信公众号中进入小程序的入口，都建立在小程序关联公众号上。如果小程序不关联微信公众号，便等于是自动截断了几个进入小程序的入口。

关联小程序需要在微信公众号中进行，具体来说，自媒体运营者可以通过如下操作在微信公众号中关联小程序。

步骤 01　进入微信公众号后台，单击左侧菜单栏中的"小程序管理"按钮，同一个公众号可以关联多个小程序。对于已经关联了小程序的公众号可以单击右侧的"添加"按钮，如图 10-23 所示。

图 10-23 "小程序管理"界面

步骤 02　执行操作后，进入"添加小程序"界面，选择"关联小程序"按钮，便可以通过提示完成公众号对小程序的关联，如图 10-24 所示。

图 10-24 "添加小程序"界面

步骤 03 完成小程序关联公众号之后,可以在微信公众号中向粉丝发送一条关联通知。用户只需单击该关联通知便可以进入公众号关联的小程序。而且完成关联之后,在手机端查看公众号主体信息时,可以看到"相关小程序"一栏,如图 10-25 所示,用户只需单击图标便可以运行对应小程序。

图 10-25 "相关小程序"一栏

另外,虽然每个公众号每天只有一个推送图文消息的机会,但是自媒体运营者大可不必担心发送关联小程序通知之后会影响正常的消息推送,因为该通知是不占用每天的推送机会的。

专家提醒

需要特别说明的是，公众号关联小程序的通知只能发送一次，一旦用完也就没有了。因此，自媒体运营者要懂得善用这次宣传小程序的机会，让这条通知尽可能地发挥其应有的引流效果。

10.5.2 链接：利用公众号图文进行推广

运营过公众号的自媒体人应该都知道，在公众号图文信息的编辑过程中是可以设置超链接的。不过，部分自媒体运营者不知道的是，小程序同样可以以超链接的方式，出现在微信公众号的图文信息中。

和公众号菜单栏可跳转小程序相同，公众号图文消息可打开小程序实际上也是增加进入小程序的途径。运营者只需进行如下操作便可实现让用户在公众号模版消息中打开小程序。

步骤 01 进入微信公众平台的"创建图文消息"界面，将鼠标停留在需要插入小程序链接的位置，单击右侧的 小程序 按钮，具体如图10-26所示。

图10-26 "创建图文消息"界面

步骤 02 执行上述操作后，进入"选择小程序"界面，运营者需要在该界面中勾选已关联的小程序，单击下方的"下一步"按钮，具体如图10-27所示。

步骤 03 完成操作后，进入"填写详细信息"界面，在该界面选择展示方式，填写文字内容，单击下方的"确定"按钮，具体如图10-28所示。

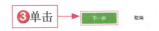

图 10-27 "选择小程序"界面

图 10-28 "填写详细信息"界面

步骤 04 完成上述操作后,插入小程序的位置将出现小程序图标及输入的文字信息,如图 10-29 所示。

专家提醒

在公众号图文消息中插入小程序,实质上是放置一个进入小程序的超链接。需要说明的是,在链接形式方面,文字链接较为常见,当然,图片也可以作为链接载体。但是,自媒体运营者最好对该图片链接稍加说明,否则,公众号粉丝可能不知道你的图片中有进入公众号的链接。

图 10-29　出现小程序图标及文字信息

10.5.3　跳转：利用公众号的菜单栏推广

小程序关联微信公众号之后，自媒体运营者可以在微信公众号菜单栏中插入小程序电商平台的链接。只要用户点击该链接，便可以进入小程序，这无疑是从公众号中增加了一条进入小程序的途径。自媒体运营者可以在微信公众号后台，通过以下操作对公众号菜单栏进行设置，在菜单栏中为进入小程序提供入口。

步骤 01　在微信公众号后台的"自定义菜单"界面中，单击"＋"图标，增加"小程序"选项并在右侧"子菜单栏名称"一栏中，输入"小程序"。在"子菜单栏内容"一栏中，选择"跳转小程序"选项，完成后单击"选择小程序"按钮，具体如图 10-30 所示。

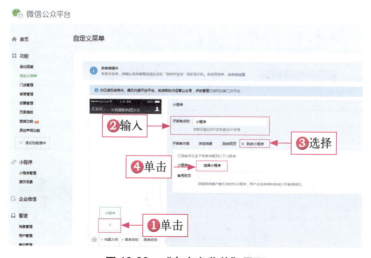

图 10-30　"自定义菜单"界面

步骤 02　执行操作后，进入"选择小程序"界面，勾选需要关联的小程序，单击下方的"确定"按钮，如图 10-31 所示。

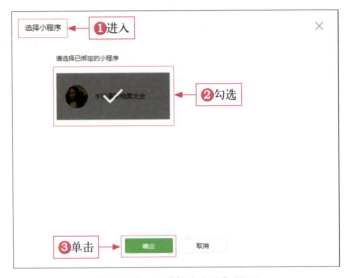

图 10-31　"选择小程序"界面

步骤 03　操作完成后，在"小程序路径"一栏中，将出现链接的小程序页面路径，如图 10-32 所示。自媒体运营者只需单击下方的"保存并发布"按钮，便可以将调整后的菜单栏运用于公众号。公众号粉丝只需单击菜单栏中的"小程序"，便可以进入小程序了。

图 10-32　出现"小程序路径"

与许多小程序入口的设置不同，公众号菜单栏中增加小程序链接是不需要微信另行审核的。所以，只要自媒体运营者有想法，便可以将其马上变成现实，其便利性不言而喻。

10.5.4 入口：关联小程序可互相跳转

对于公众号关注关联的小程序，用户可通过主体信息介绍界面的图标，实现公众号与小程序的互相跳转。

只要公众号与小程序建立了关联，便可以它能够个主体介绍界面中的图标，实现互相跳转。

下面将以"当当网"公众号和"当当购物"小程序为例，用户可以参考通过以下操作实现公众号与小程序之间的互相跳转。

步骤 01 以"当当网"公众号为例，用户点击进入该公众号的默认界面之后，点击右上方的图标，如图 10-33 所示，即可进入该公众号的信息介绍界面。在该界面的最下方找到"相关小程序"一项并点击进入；在该公众号关联的小程序中，选择"当当购物"小程序图标，完成操作后效果如图 10-34 所示。操作完成后，便可以直接进入小程序。

图 10-33 "当当网"公众号默认界面　　图 10-34 "当当网"信息介绍界面

步骤 02 进入"当当购物"小程序后，点击屏幕右上方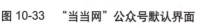图标，并在弹出来的选项框中点击"关于当当购物"选项，如图 10-35 所示，便可进入

如图10-36所示的"关于当当购物"界面。在该界面中，用户只需在"相关公众号"后面选择"当当网"的公众号图标，便可以直接进入该公众号。

图10-35　选择"关于当当购物"选项

图10-36　"关于当当购物"界面

10.5.5　广告：打开营销引流新窗口

随着微信对小程序功能的开放，进入微信小程序的入口越来越多，就在2017年12月，小程序又增加了公众号落地页广告这一入口，其效果如图10-37所示。

图10-37　公众号落地页广告效果

值得一提的是，微信公众号落地页广告是微信小程序电商运营者可以自行添加的，具体操作如下。

步骤 01 登录微信公众平台，进入"广告主"界面，单击"公众号广告"，进入"公众号广告"页面后，单击"创建投放计划"按钮，如图10-38所示。

图10-38 "广告主"界面

步骤 02 进入"创建投放计划"界面，选择"推广目标"为"推广品牌活动"，选择"广告位"为"公众号文章底部"，如图10-39所示。"购买方式"选择为"竞价购买广告"，然后单击"下一步"按钮，如图10-40所示。公众号落地页对于自媒体运营者来说，是将小程序电商平台广而告之的一种有力手段。但是，自媒体运营者也需明白公众号落地页广告推广小程序是需要一定费用的。

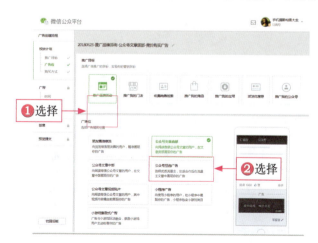

图10-39 设置创建投放计划页面

图 10-40　广告创建流程页面